CE LIVRE APPARTIENT À :

....

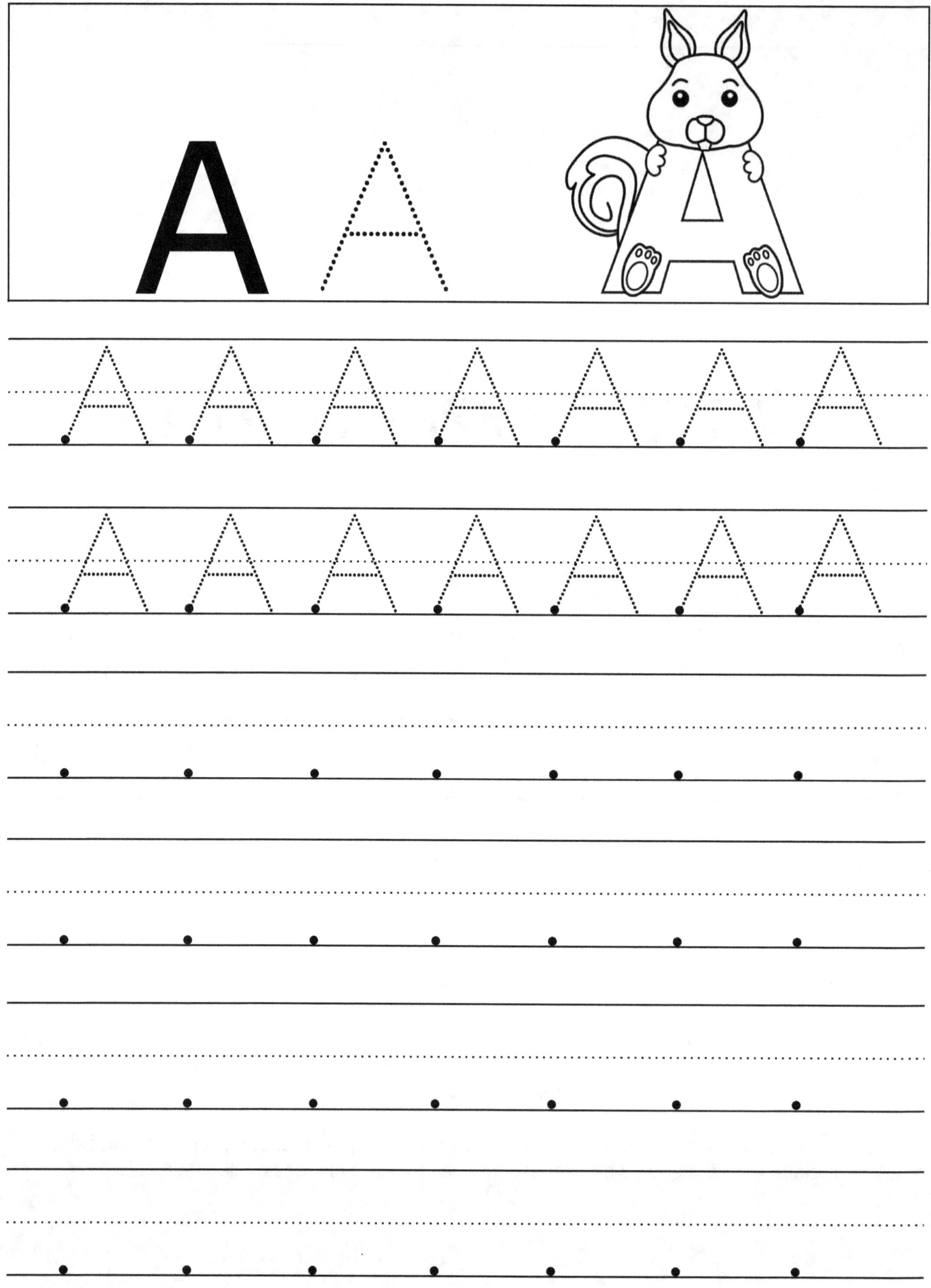

Découvrez et coloriez la lettre
« A »

B

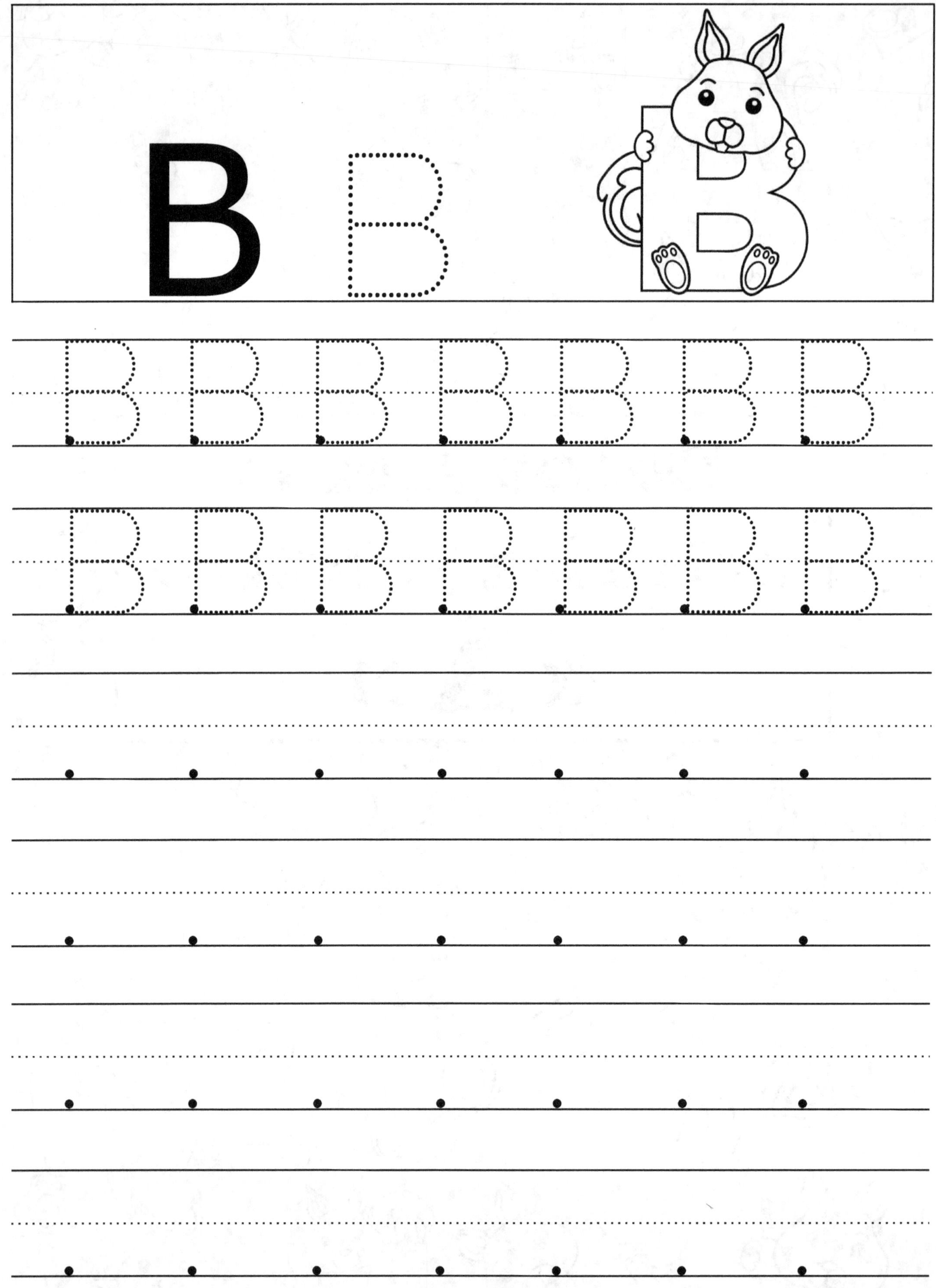

Découvrez et coloriez la lettre
« B »

C c

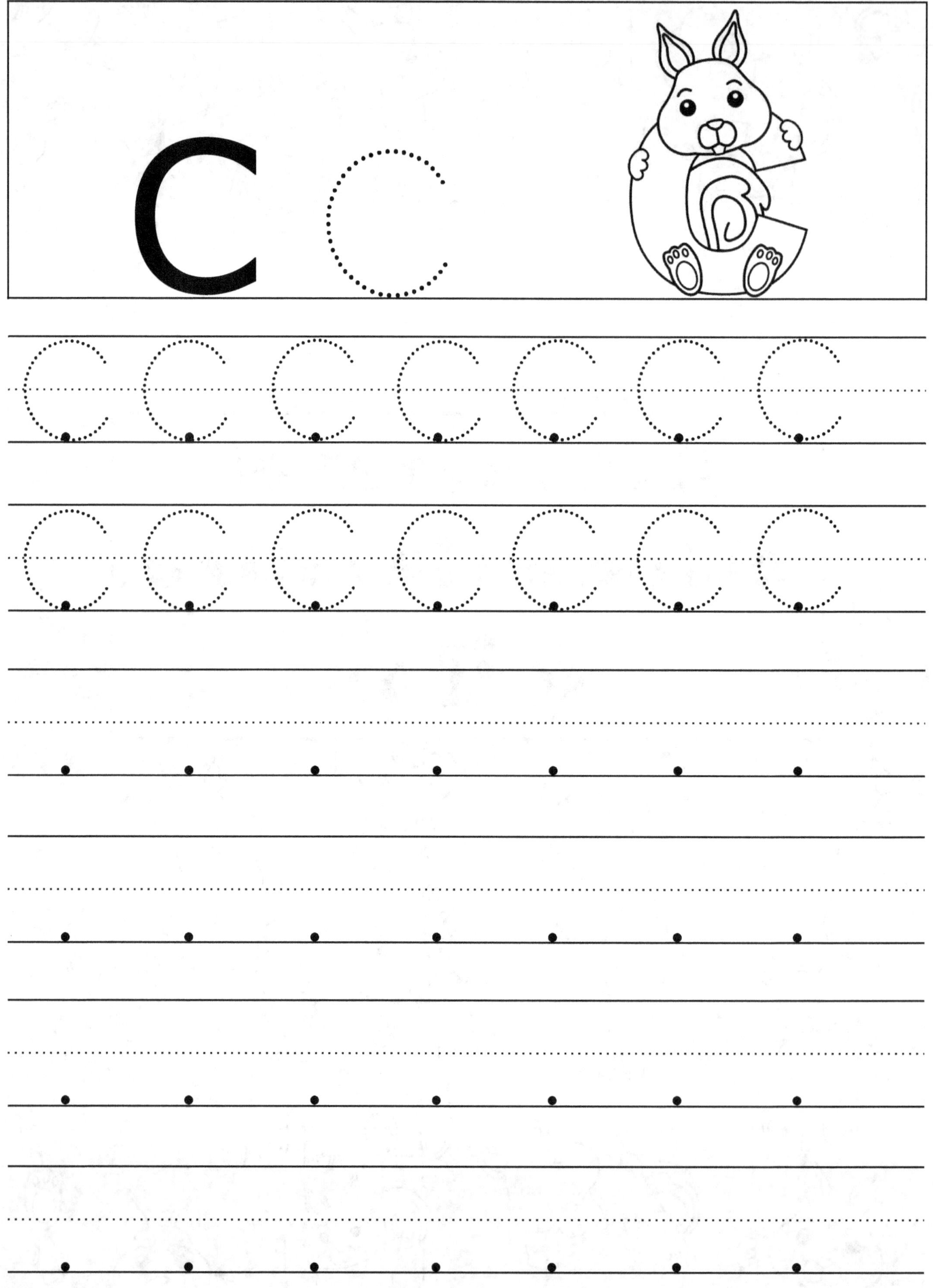

Découvrez et
coloriez la lettre
« C »

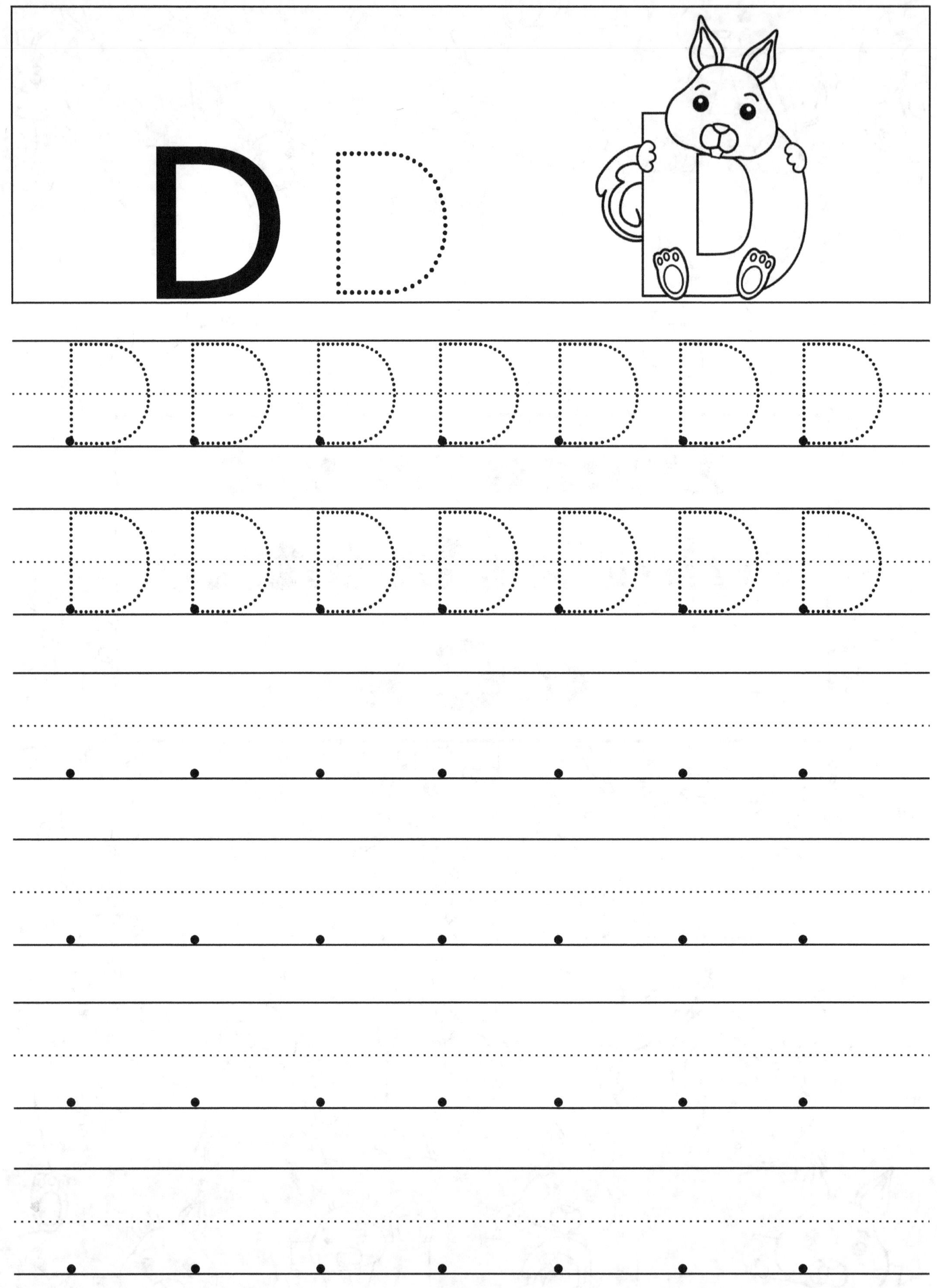

Découvrez et coloriez la lettre « D »

E E

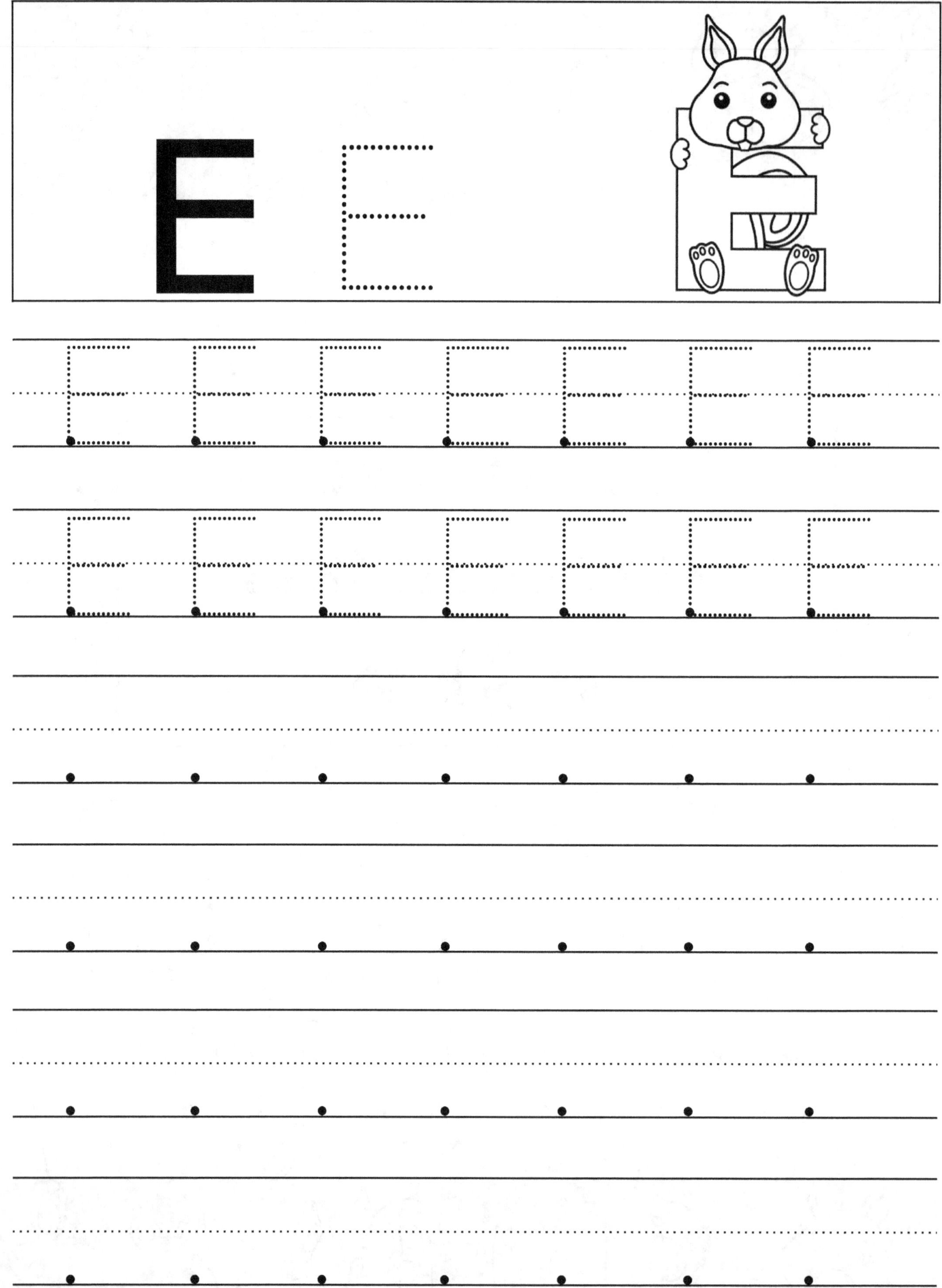

Découvrez et coloriez la lettre
« E »

F

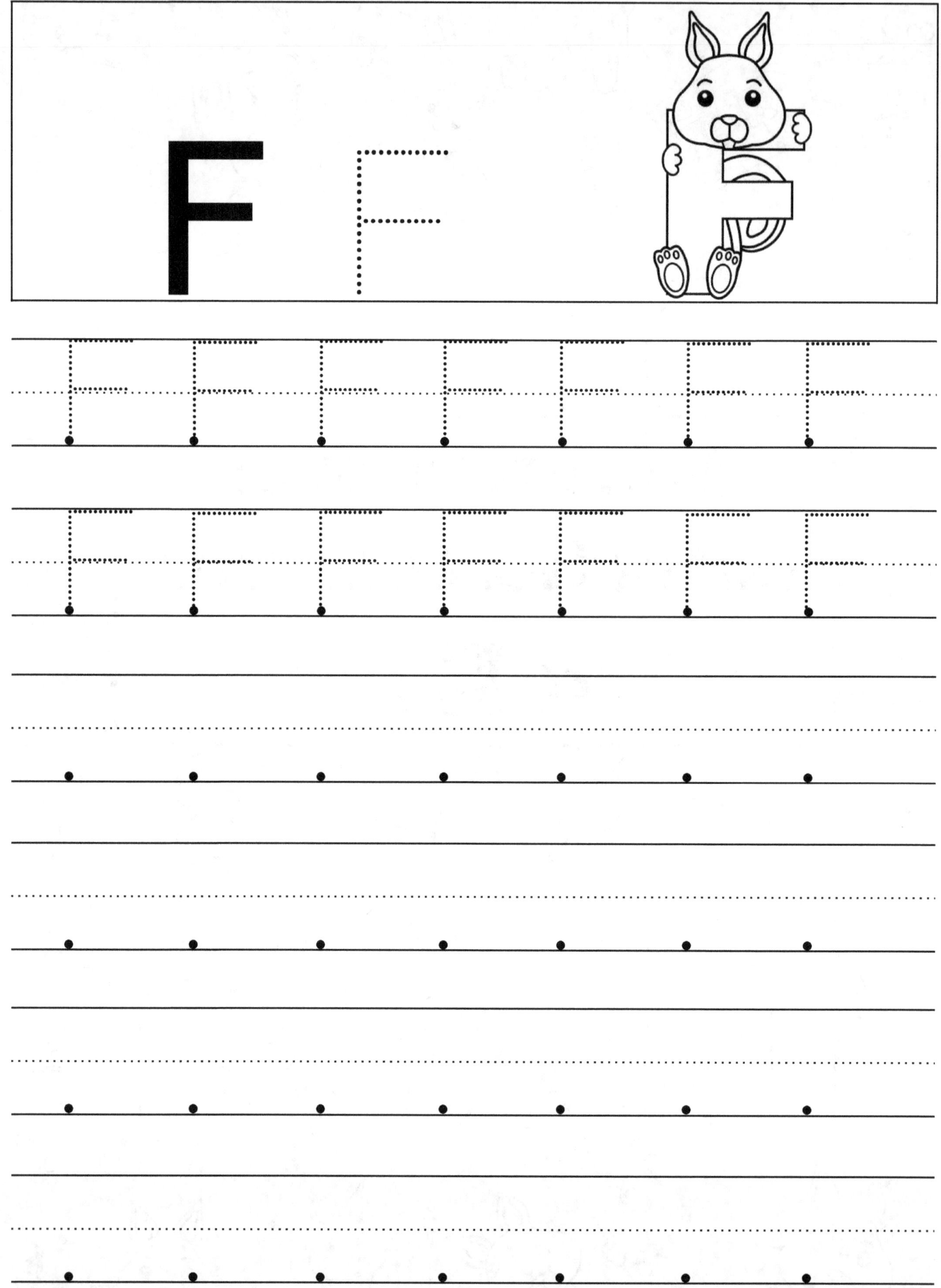

Découvrez et coloriez la lettre
« F »

G G

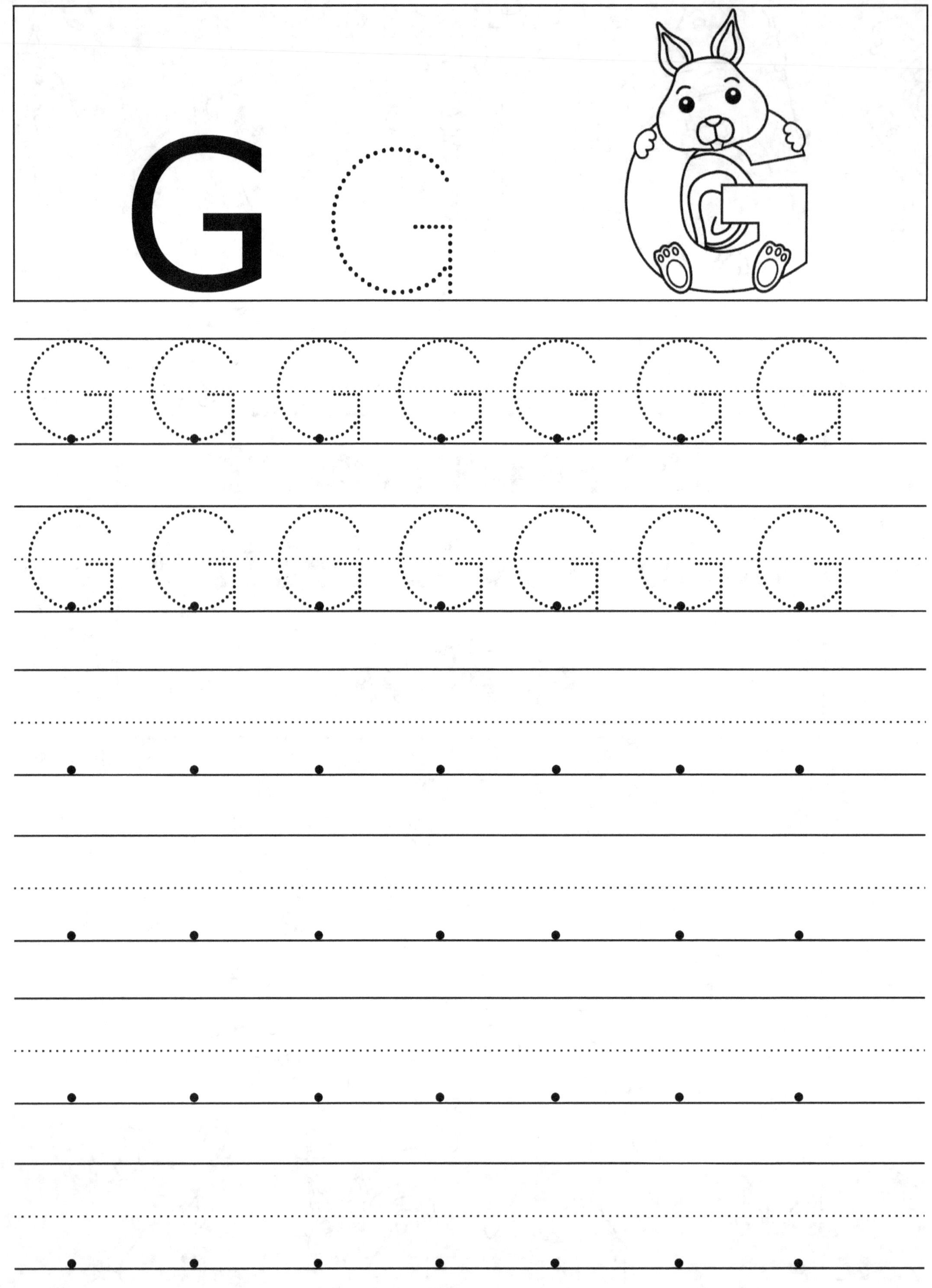

Découvrez et coloriez la lettre
« G »

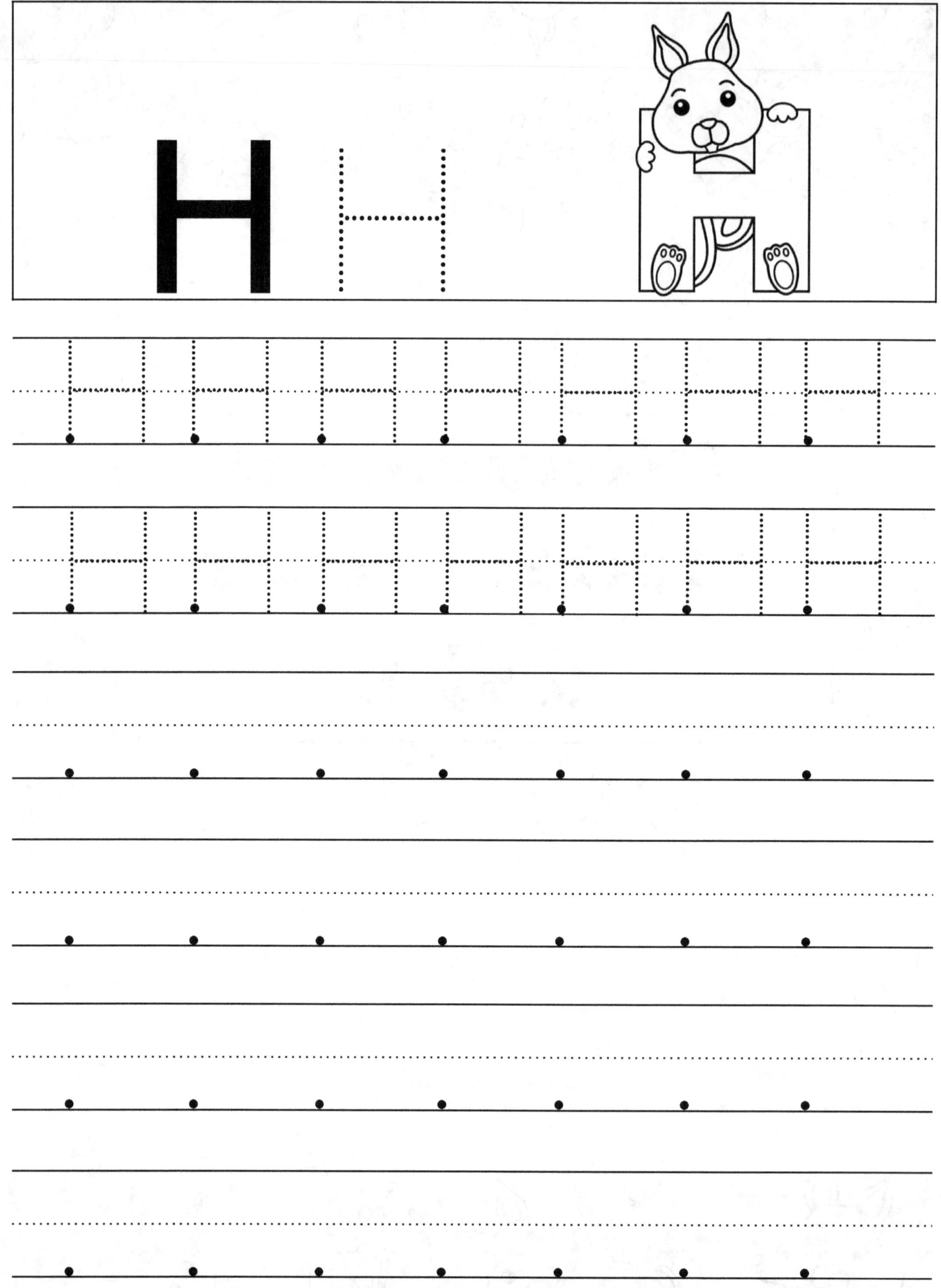

Découvrez et coloriez la lettre
« H »

I

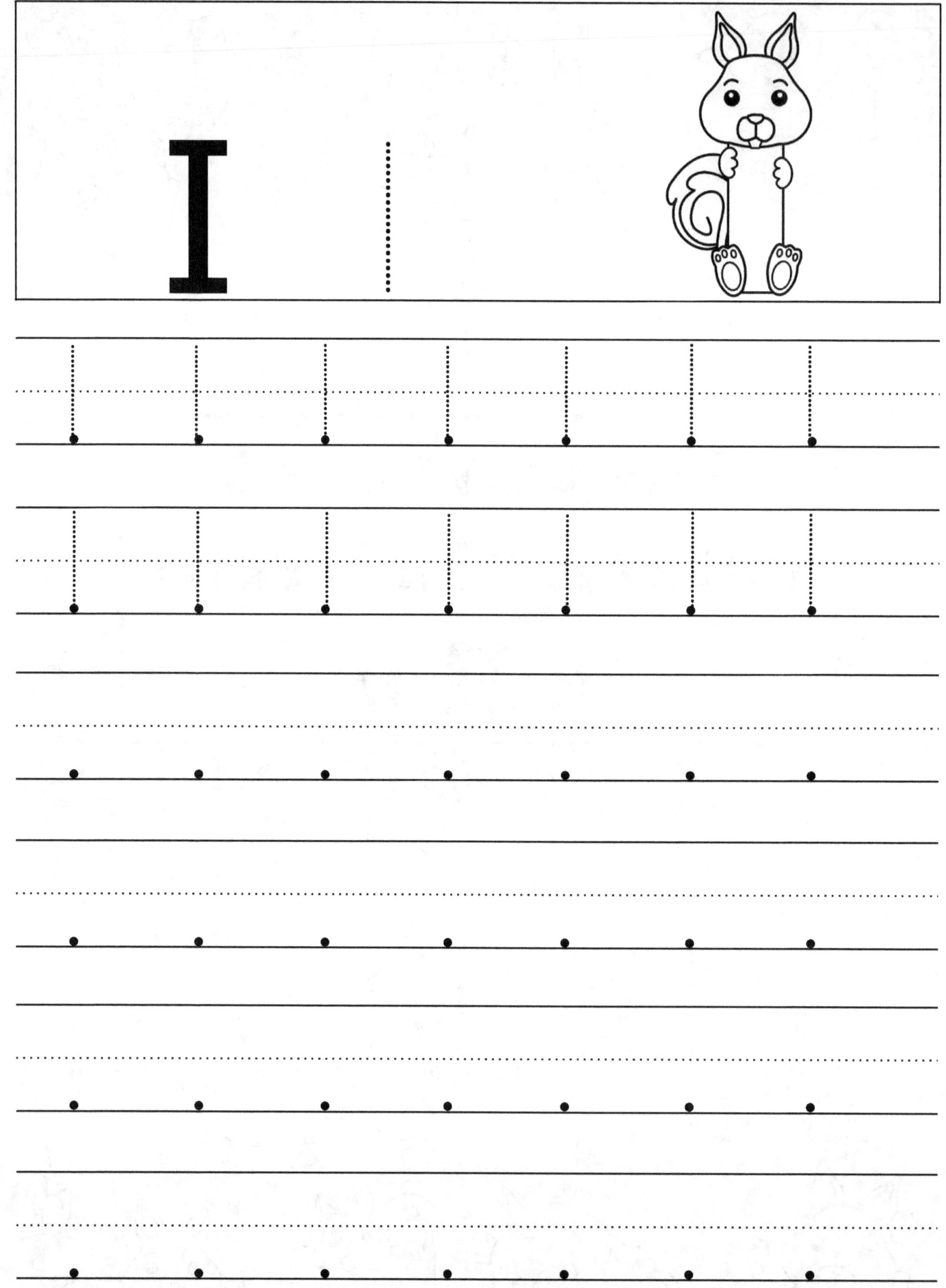

Découvrez et coloriez la lettre
« I »

J

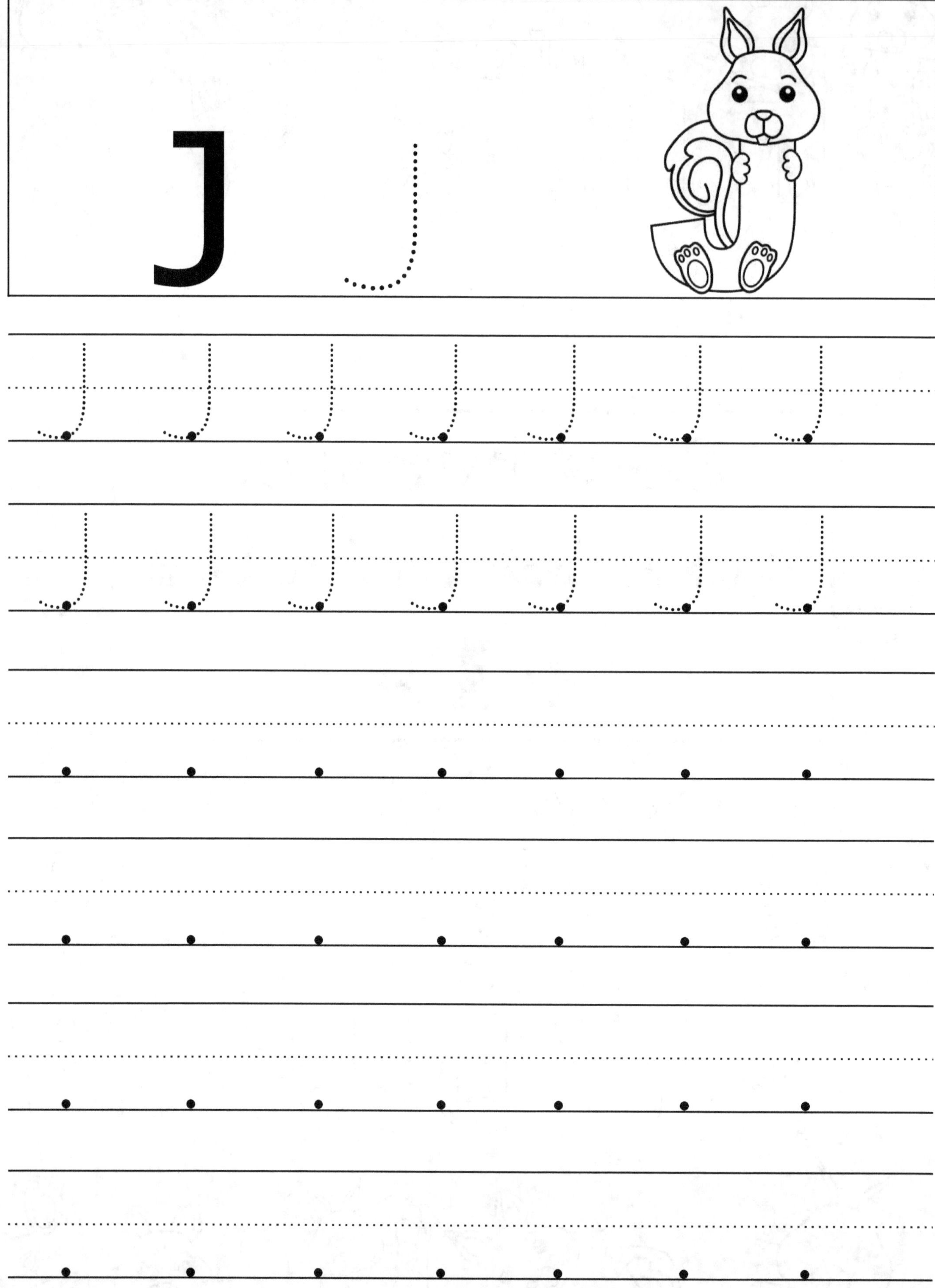

Découvrez et coloriez la lettre
« J »

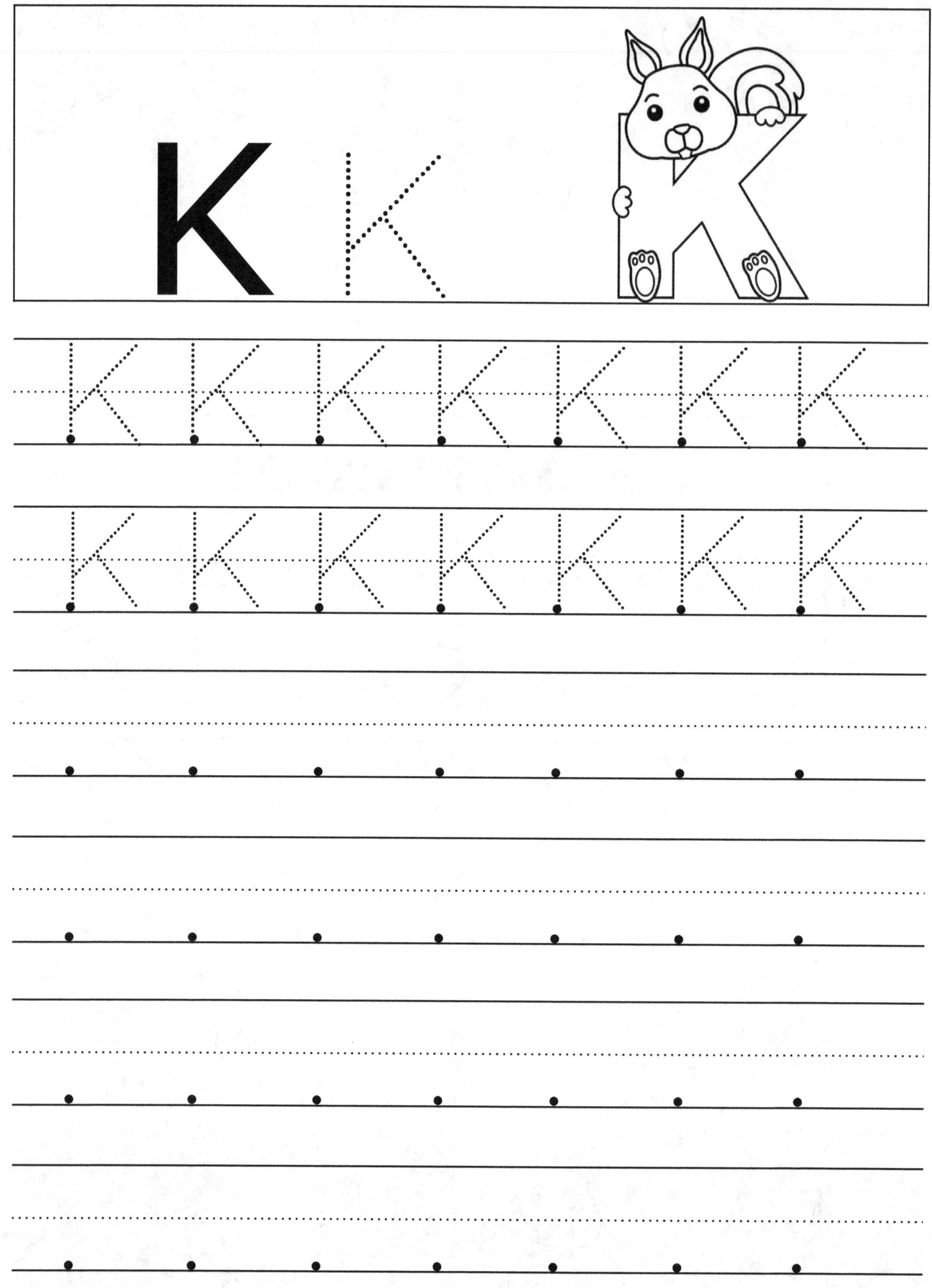

K k
K

Découvrez et coloriez la lettre
« K »

L

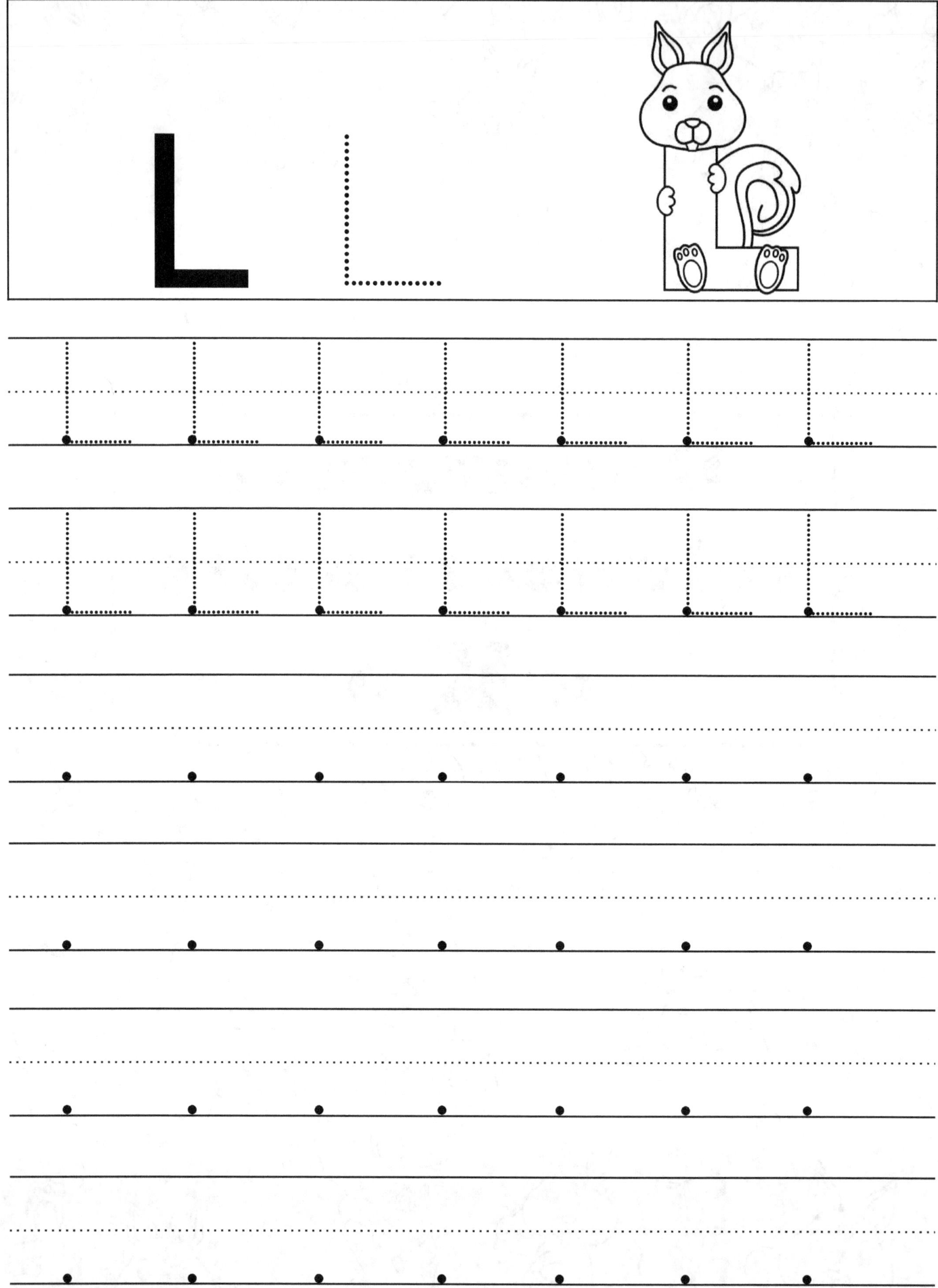

Découvrez et coloriez la lettre
« L »

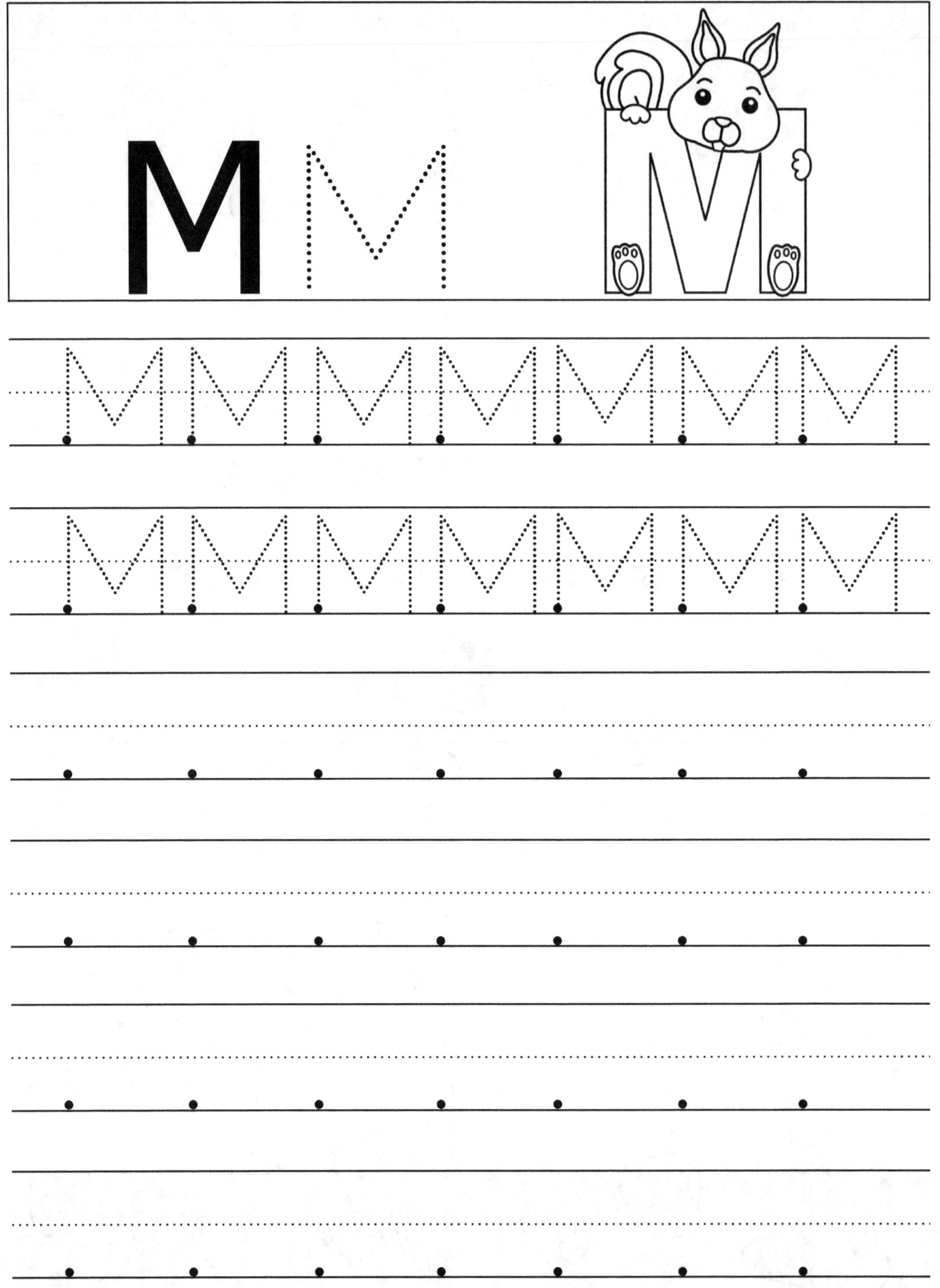

M

Découvrez et coloriez la lettre
« M »

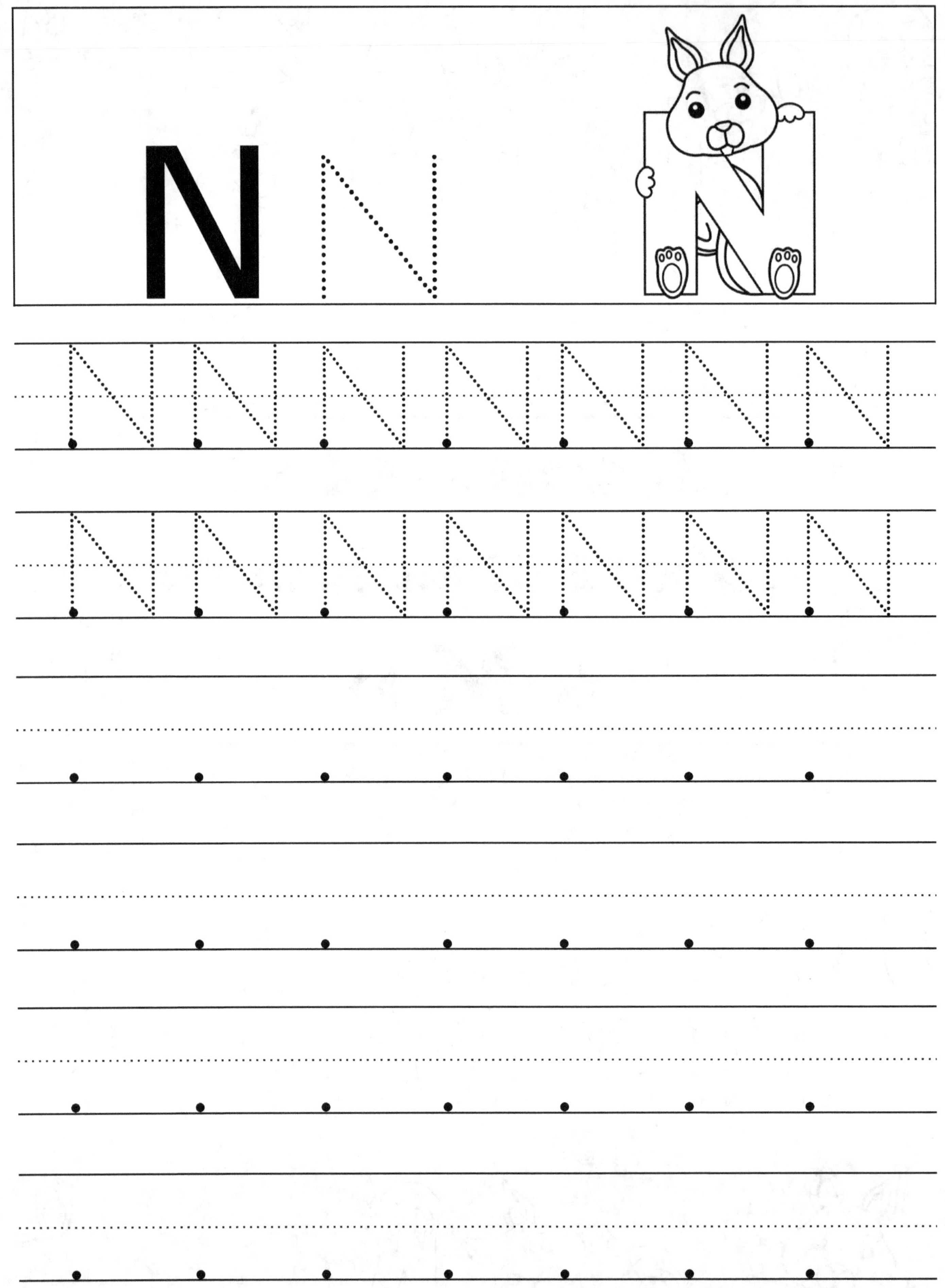

Découvrez et coloriez la lettre
« N »

O o

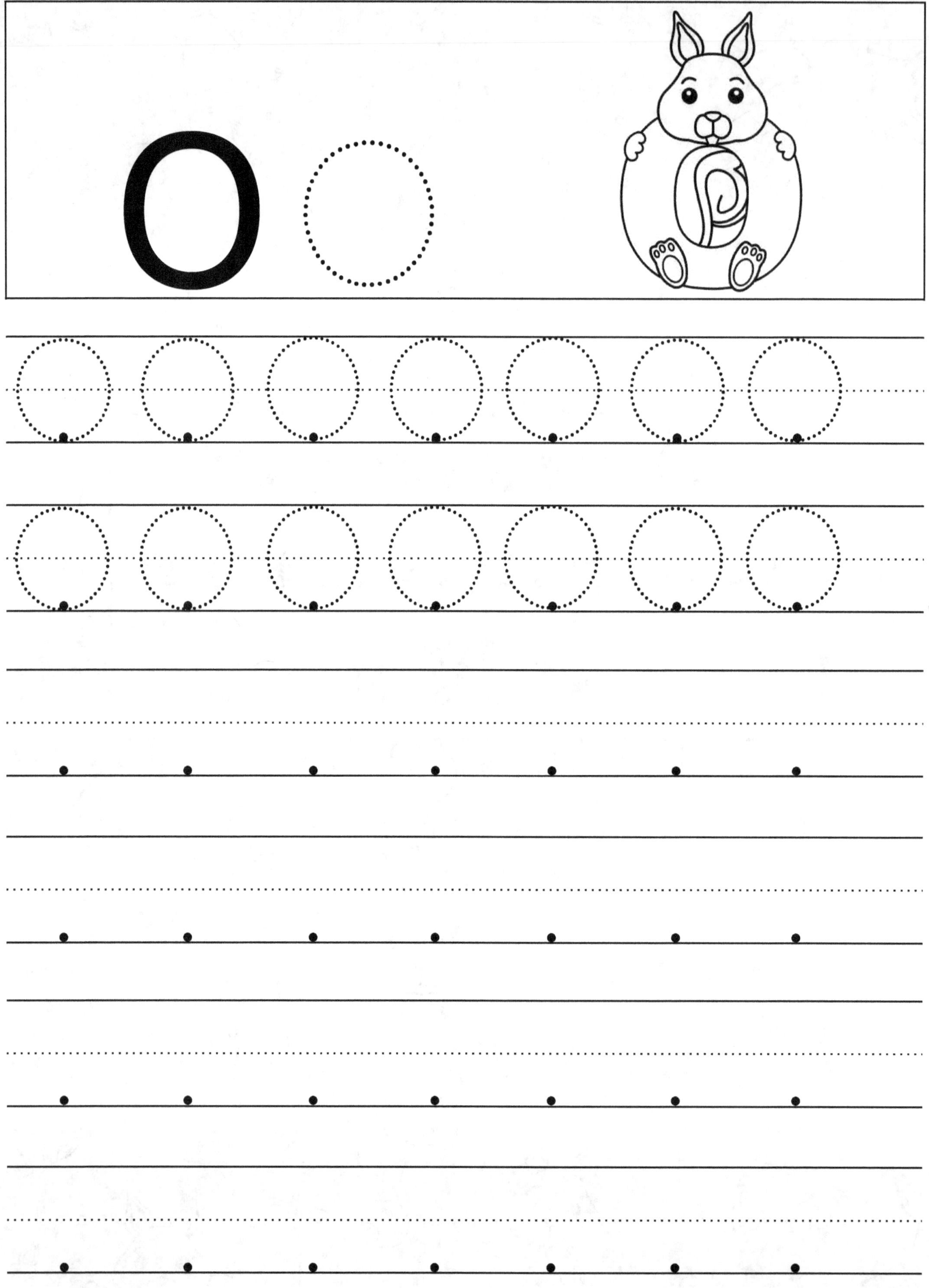

Découvrez et coloriez la lettre
« O »

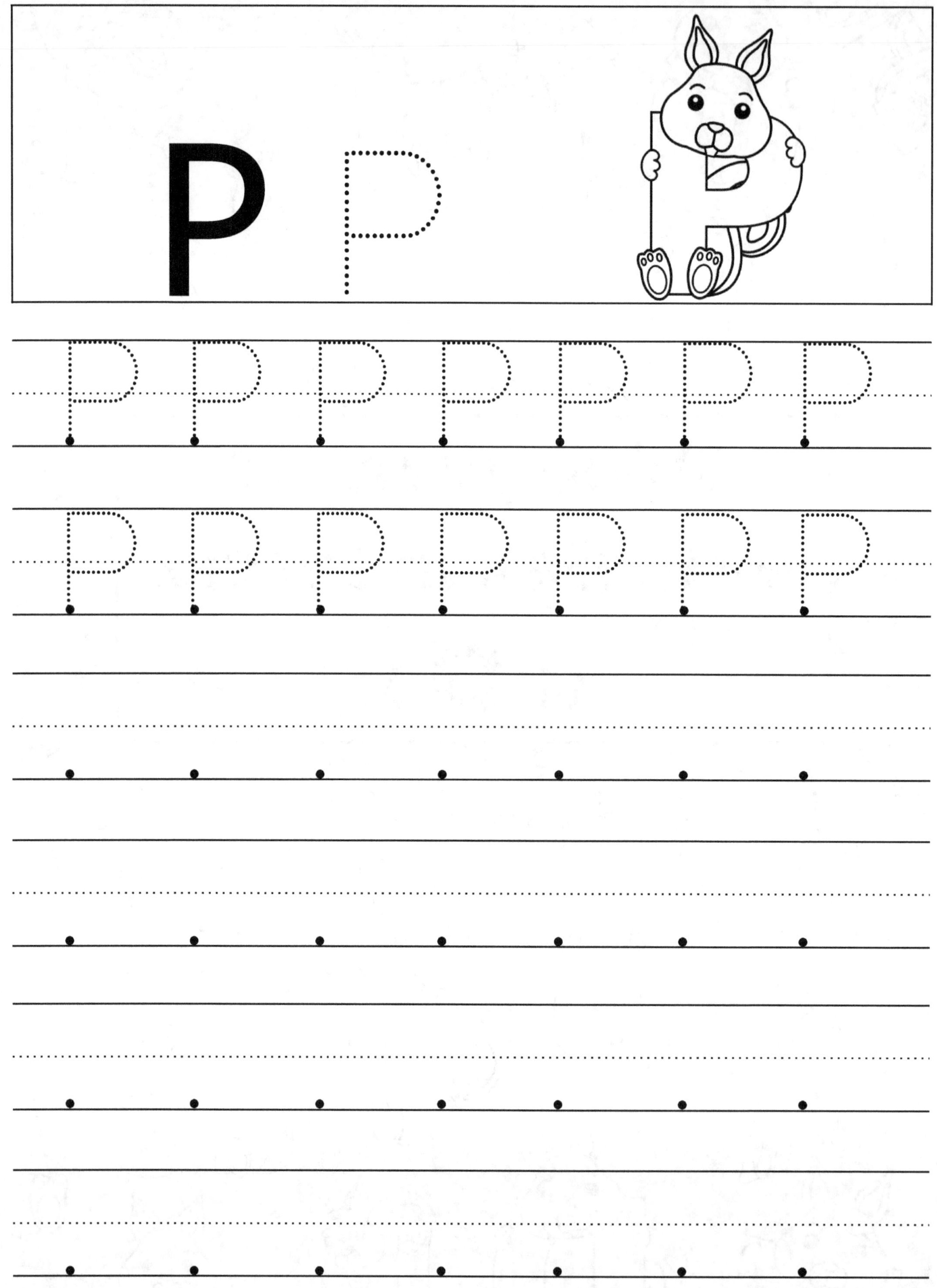

P P

Découvrez et coloriez la lettre
« P »

Q

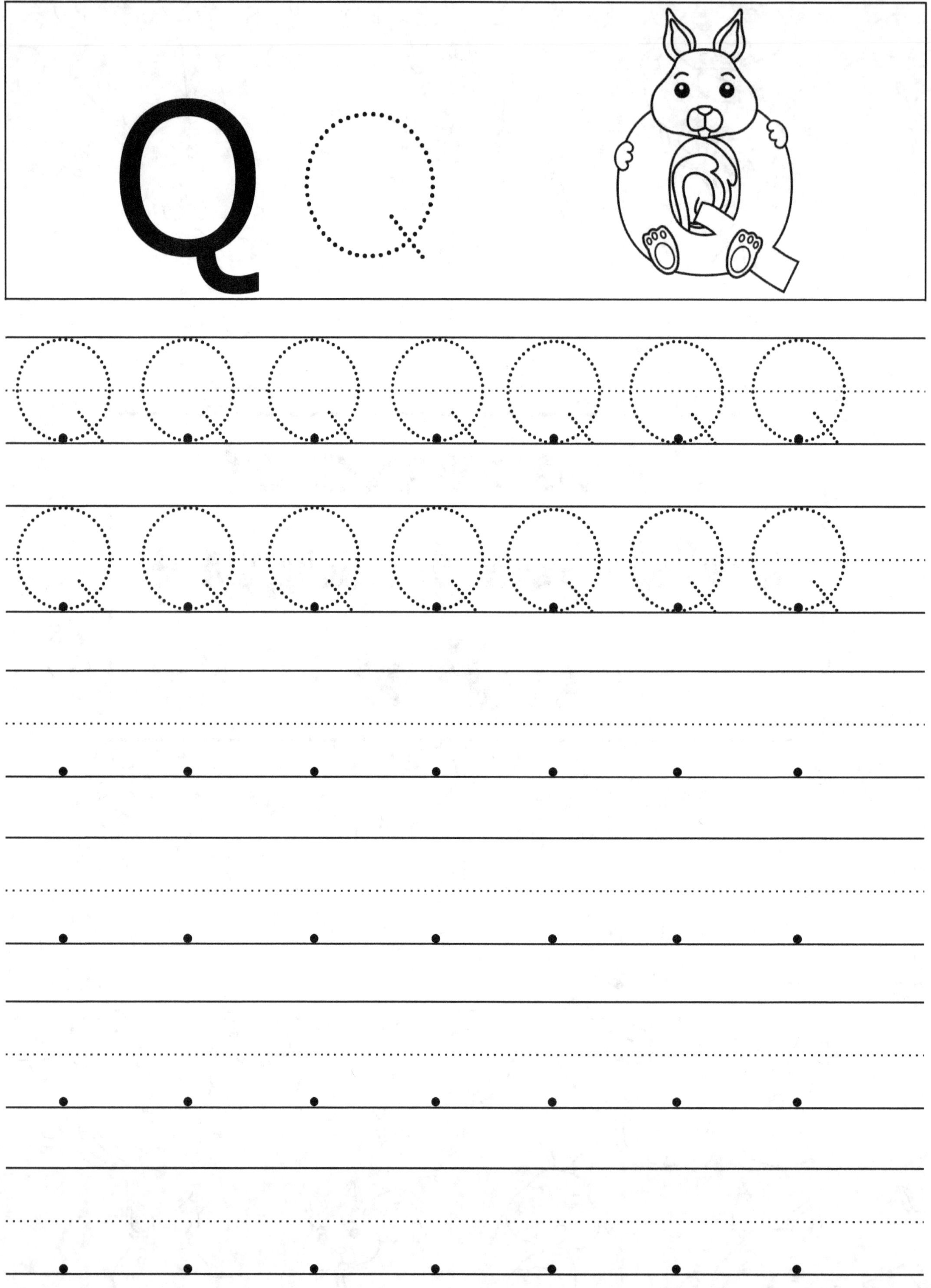

Découvrez et coloriez la lettre
« Q »

R R

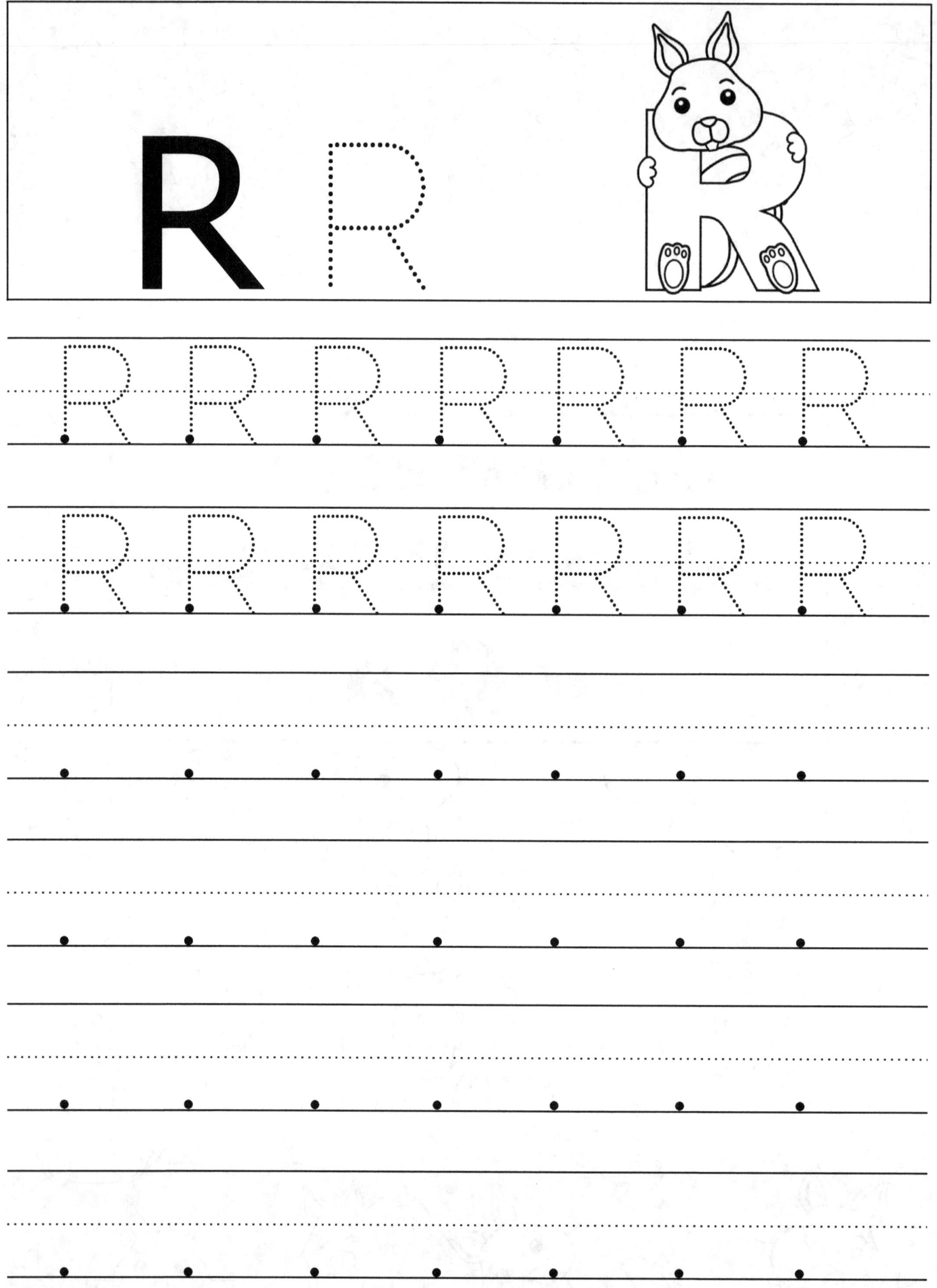

Découvrez et coloriez la lettre
« R »

S s

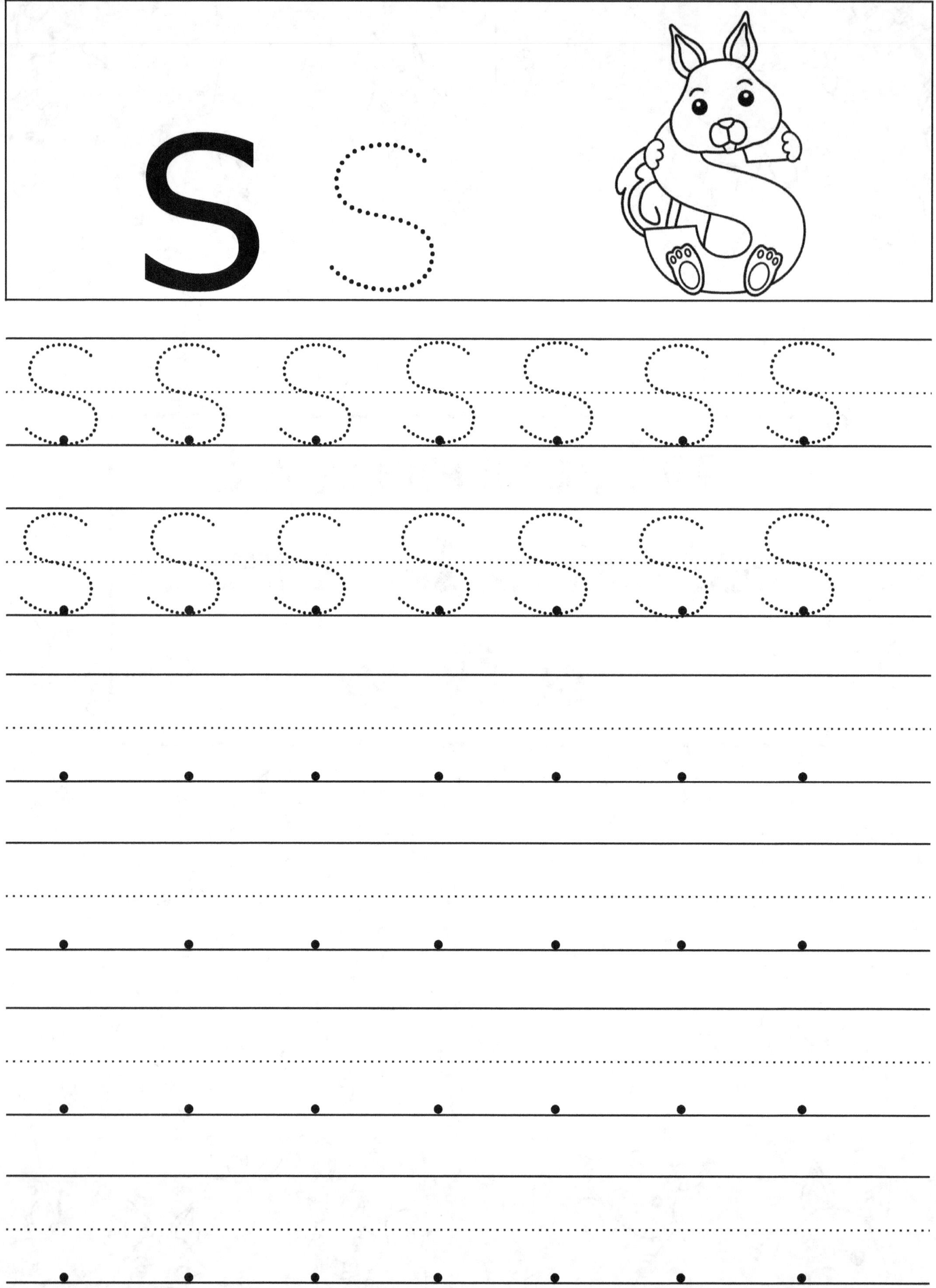

Découvrez et coloriez la lettre
« S »

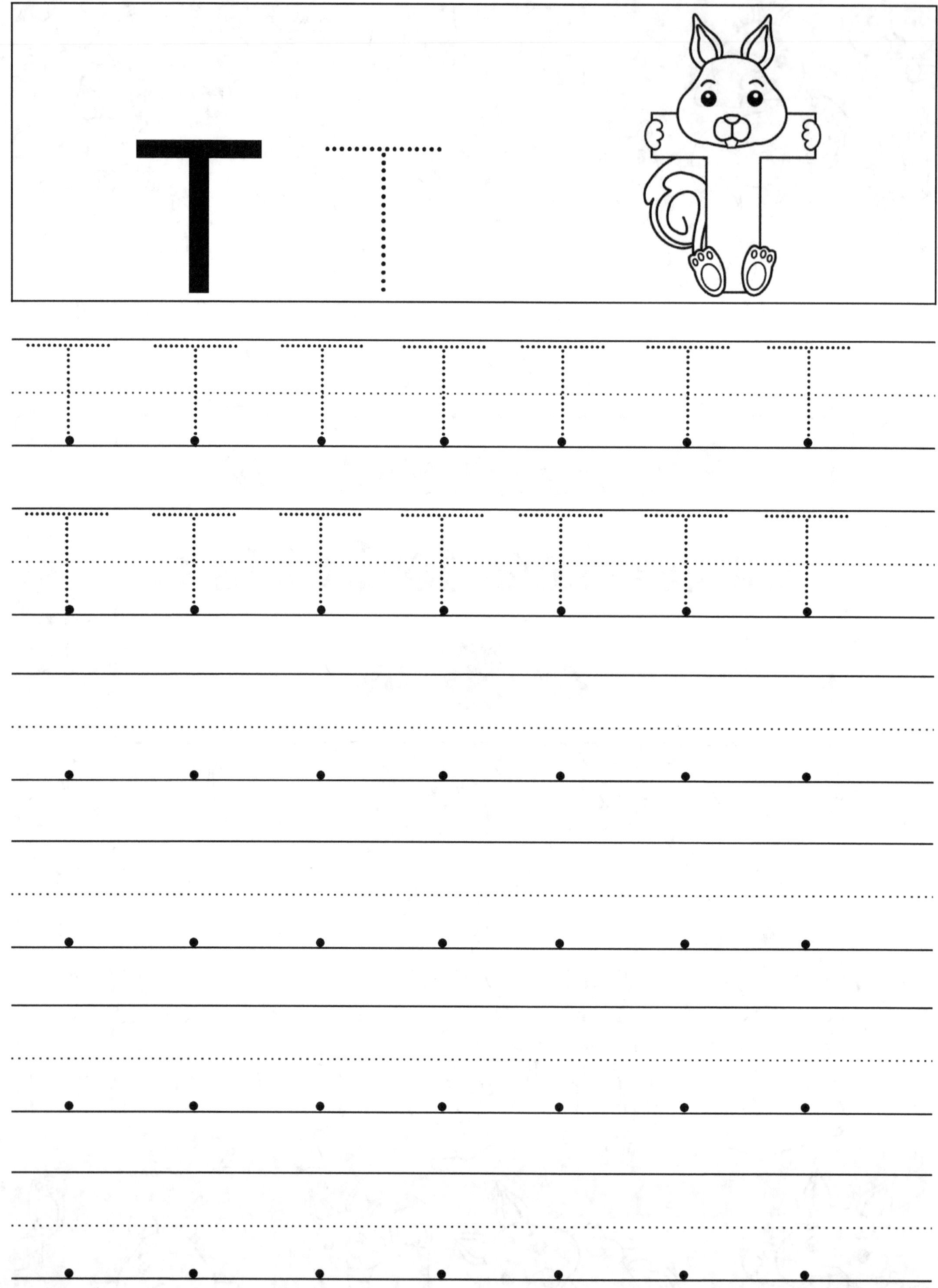

Découvrez et coloriez la lettre
« T »

U

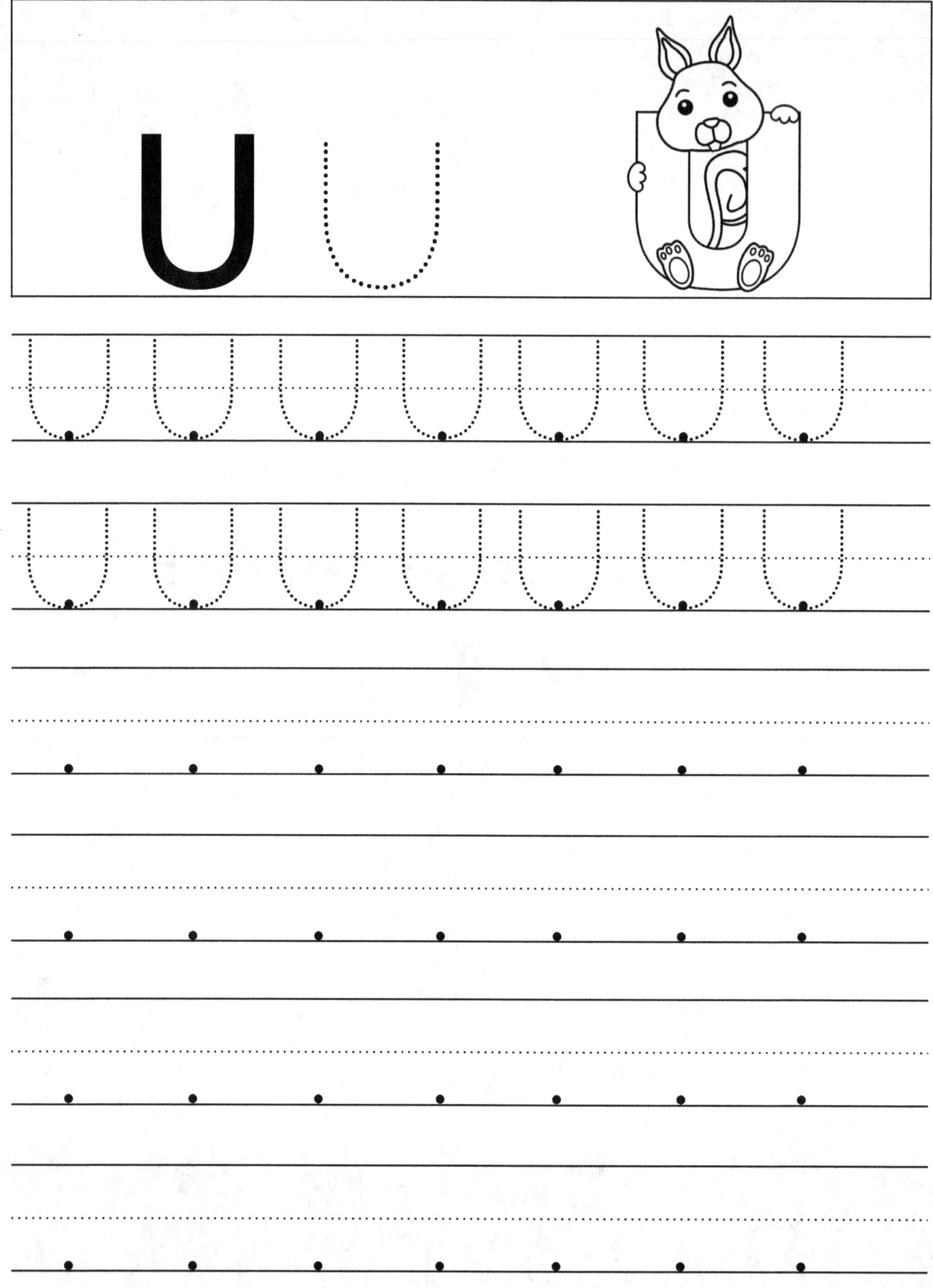

Découvrez et coloriez la lettre
« U »

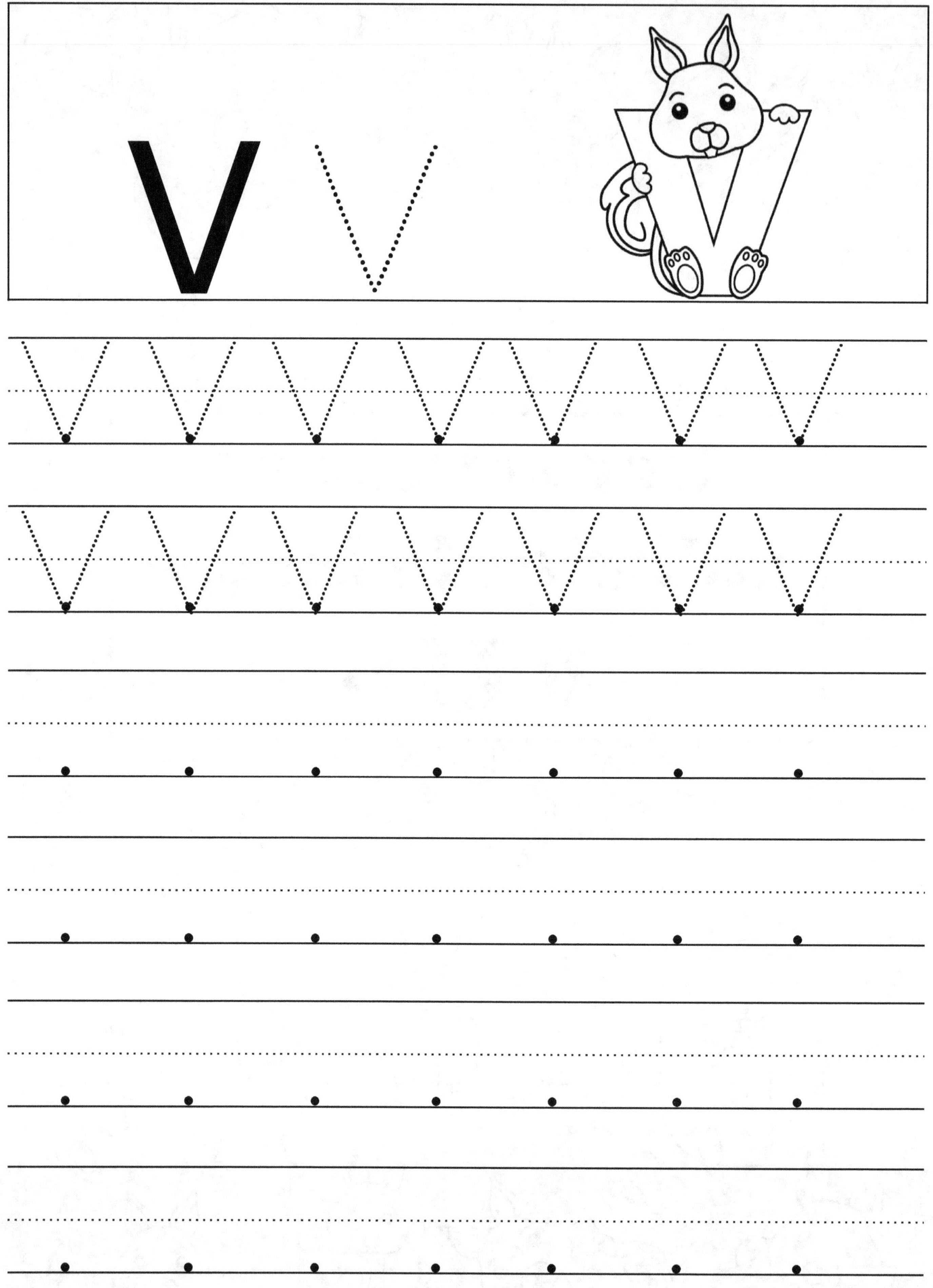

Découvrez et coloriez la lettre
« V »

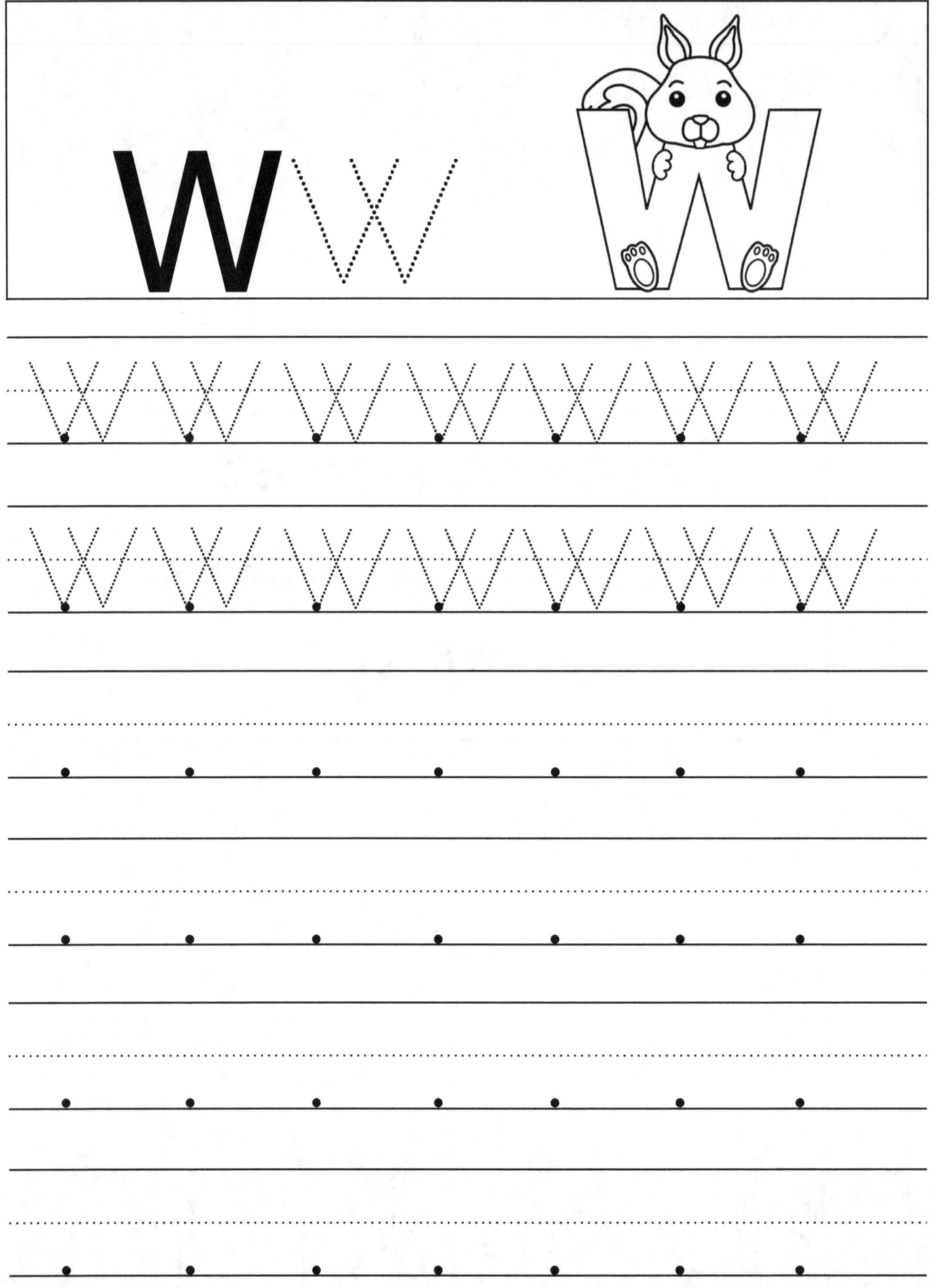

Découvrez et coloriez la lettre
« W »

Découvrez et coloriez la lettre
« X »

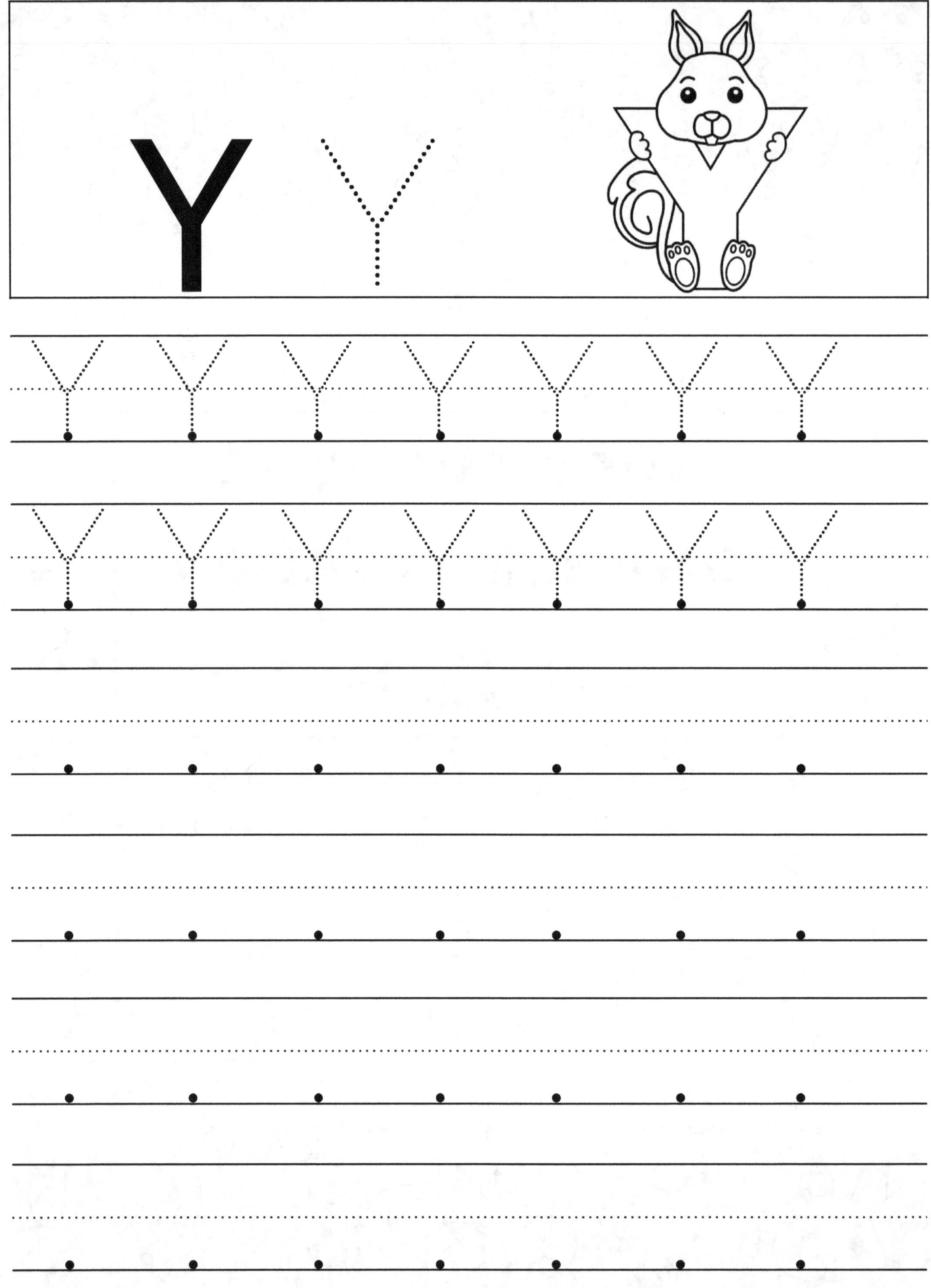

Y Y

Découvrez et coloriez la lettre
« Y »

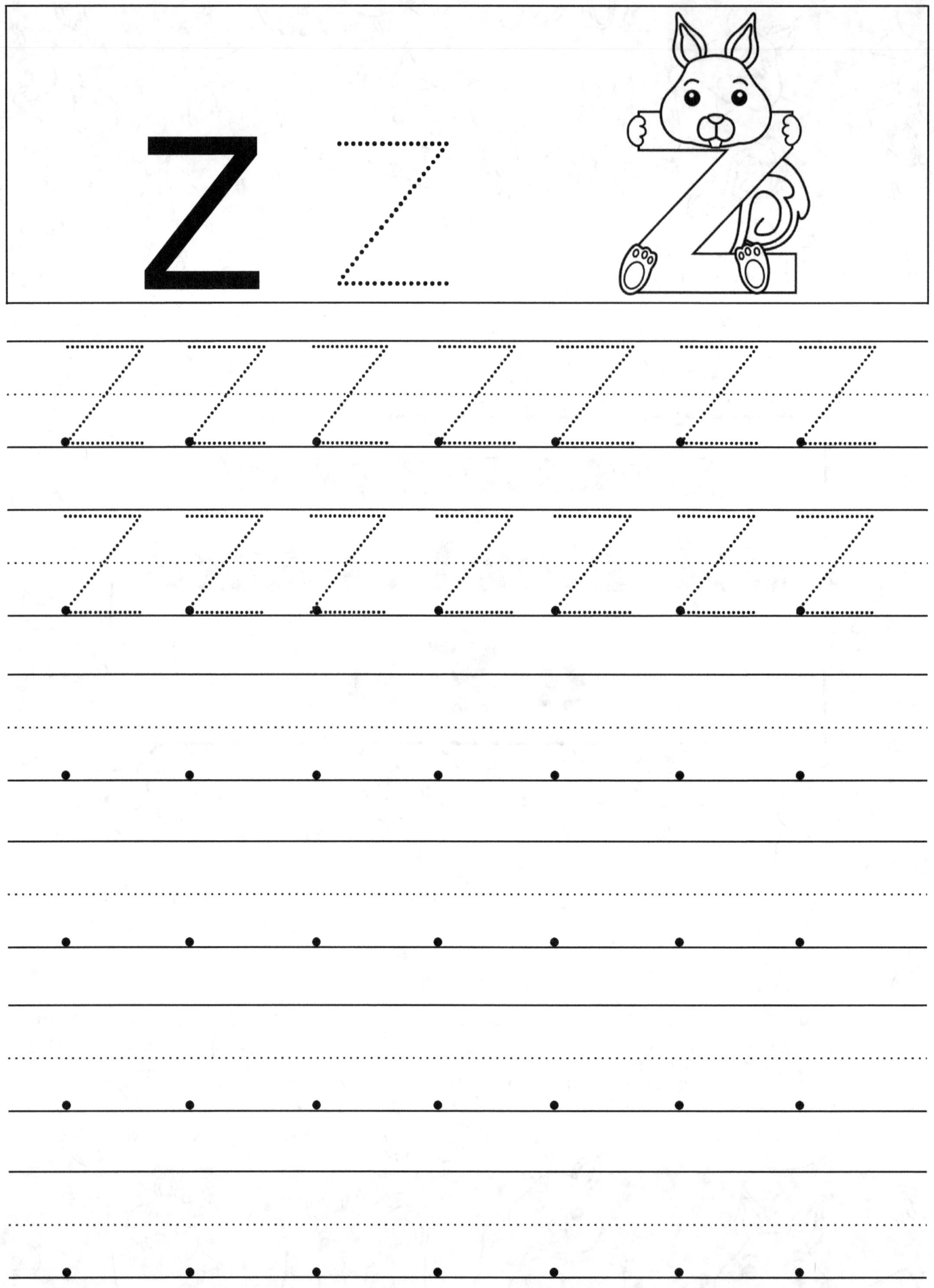

Découvrez et
coloriez la lettre
« Z »

O

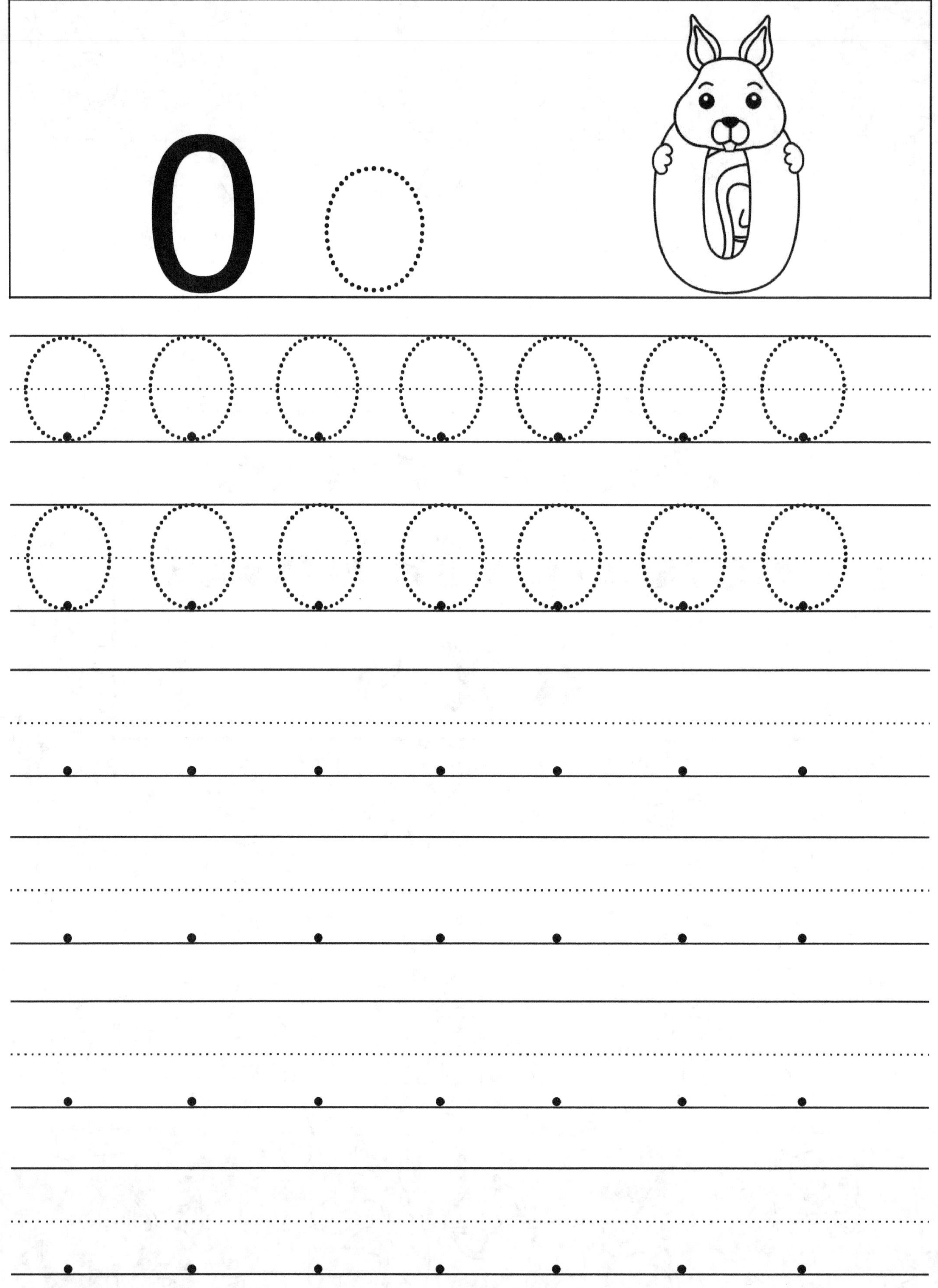

Découvrez et coloriez le numéro
« 0 »

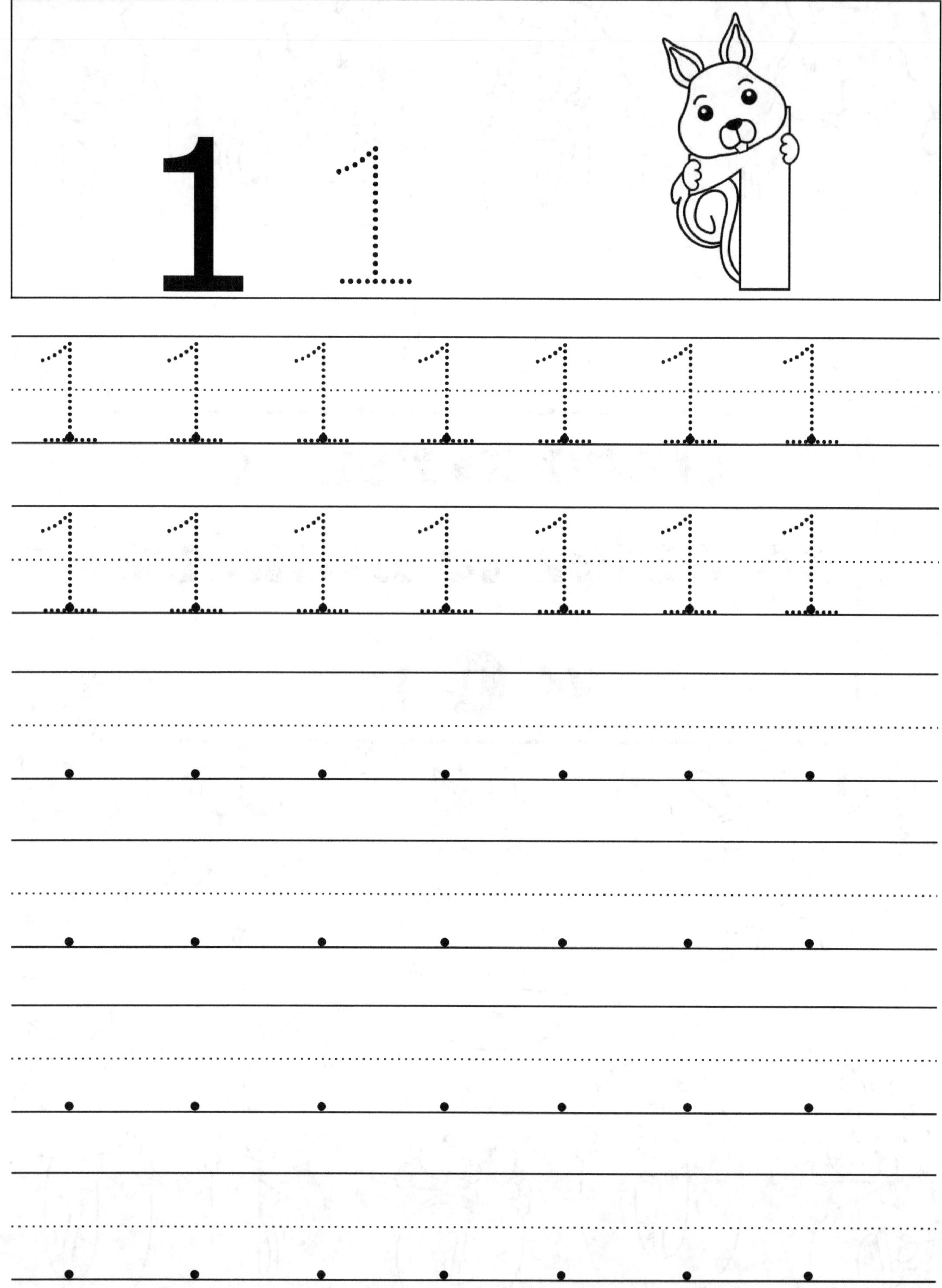

Découvrez et coloriez le numéro
« 1 »

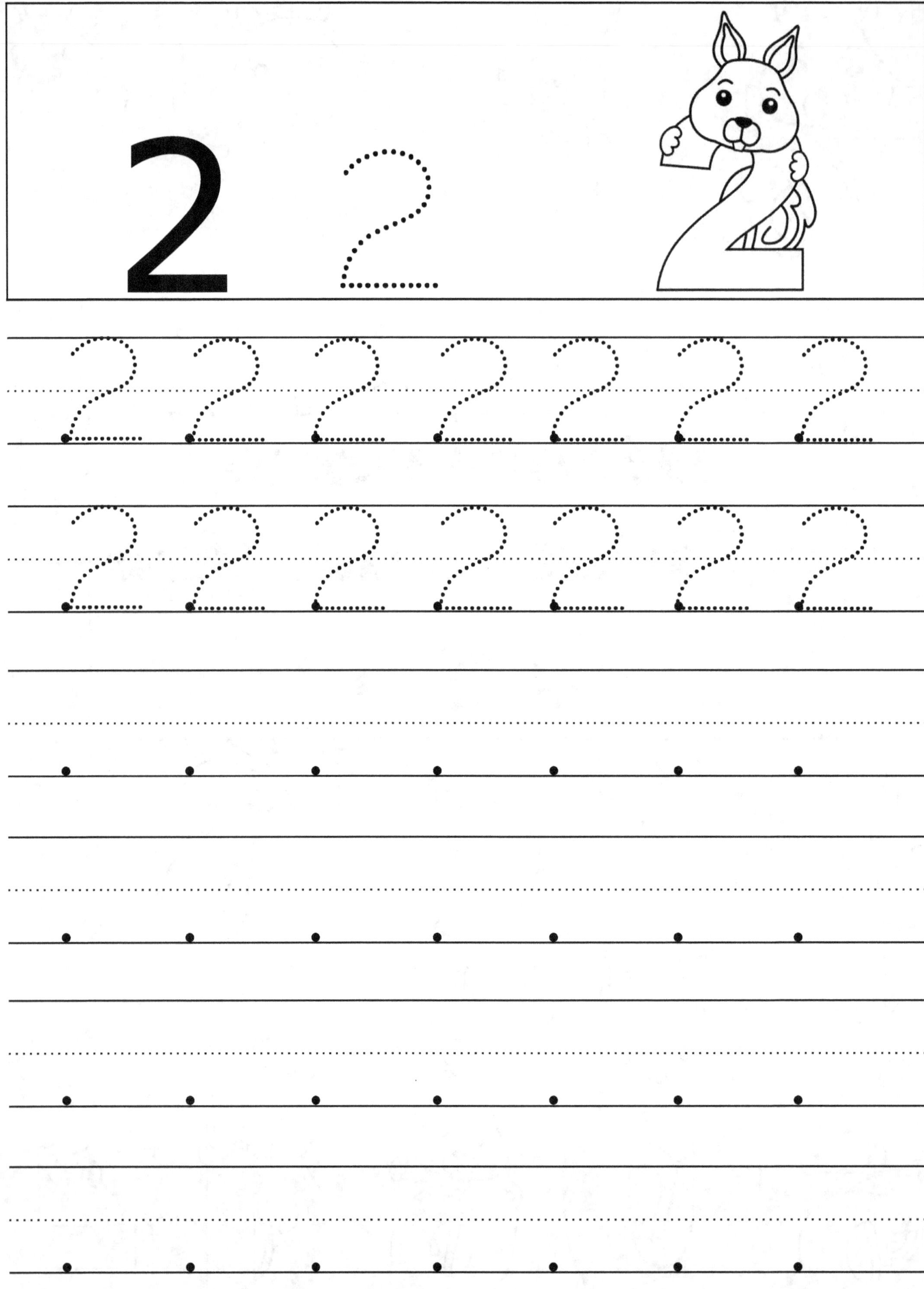

Découvrez et coloriez le numéro
« 2 »

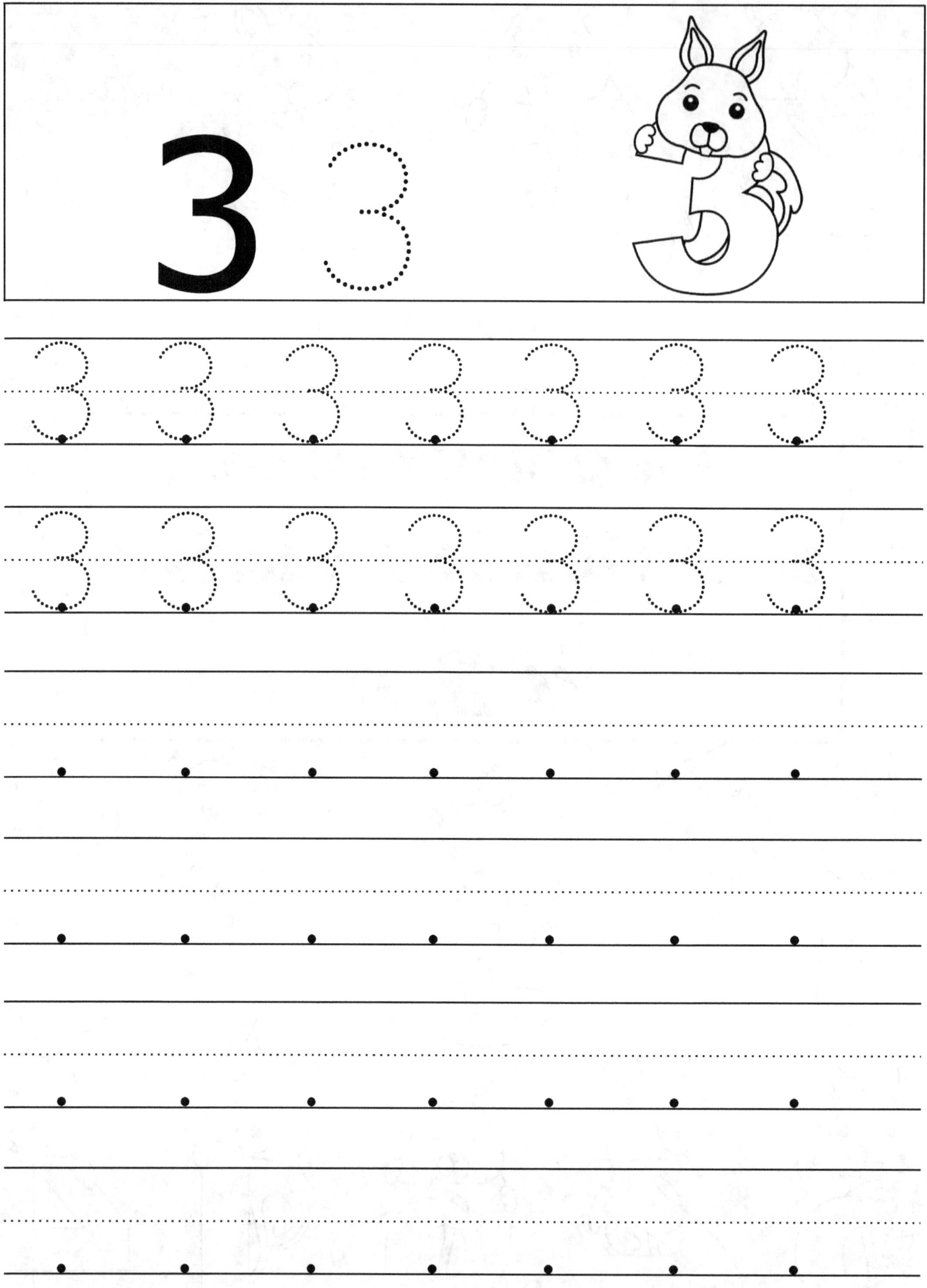

Découvrez et coloriez le numéro
« 3 »

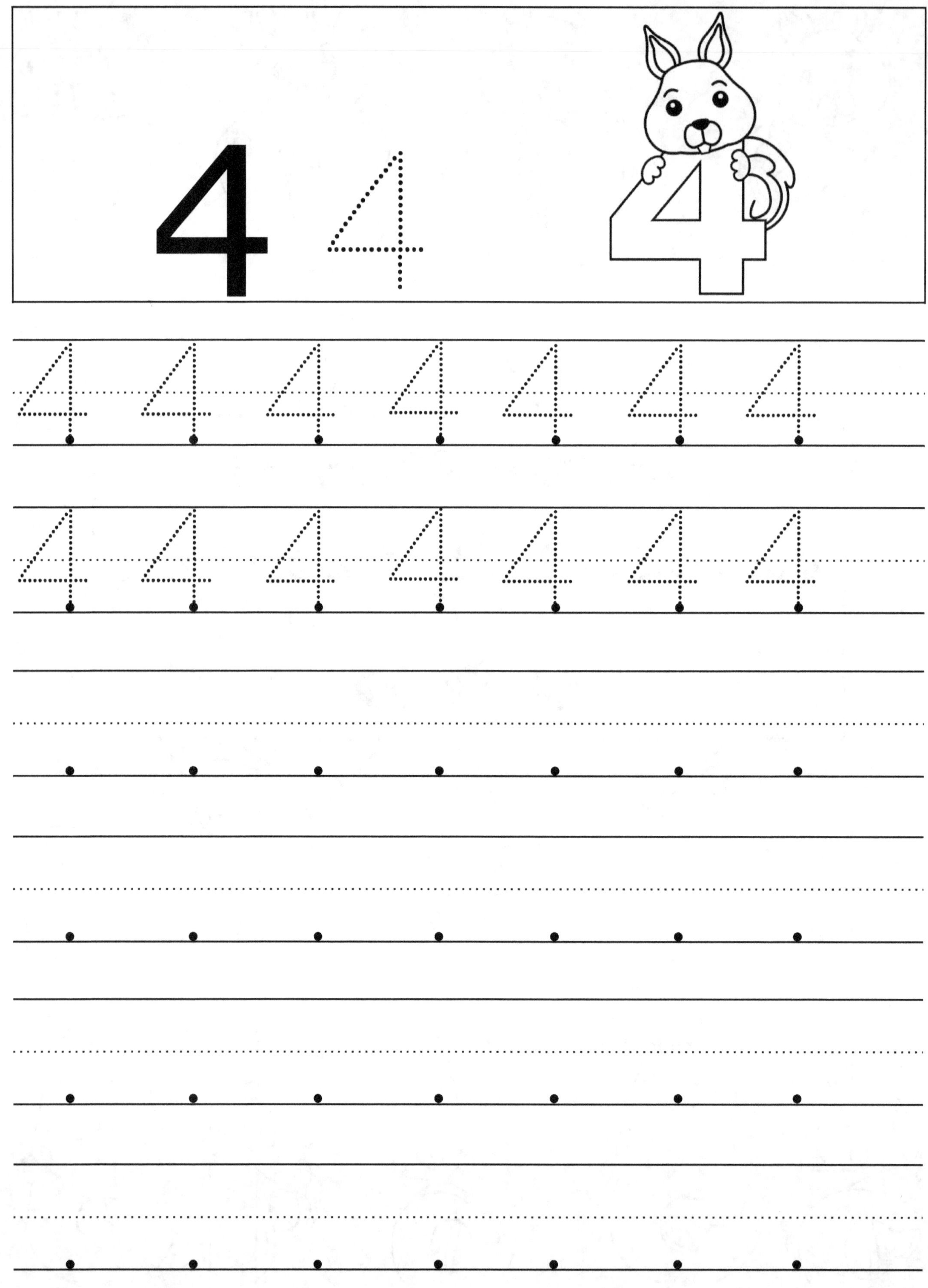

Découvrez et
coloriez le numéro
« 4 »

5

Découvrez et coloriez le numéro
« 5 »

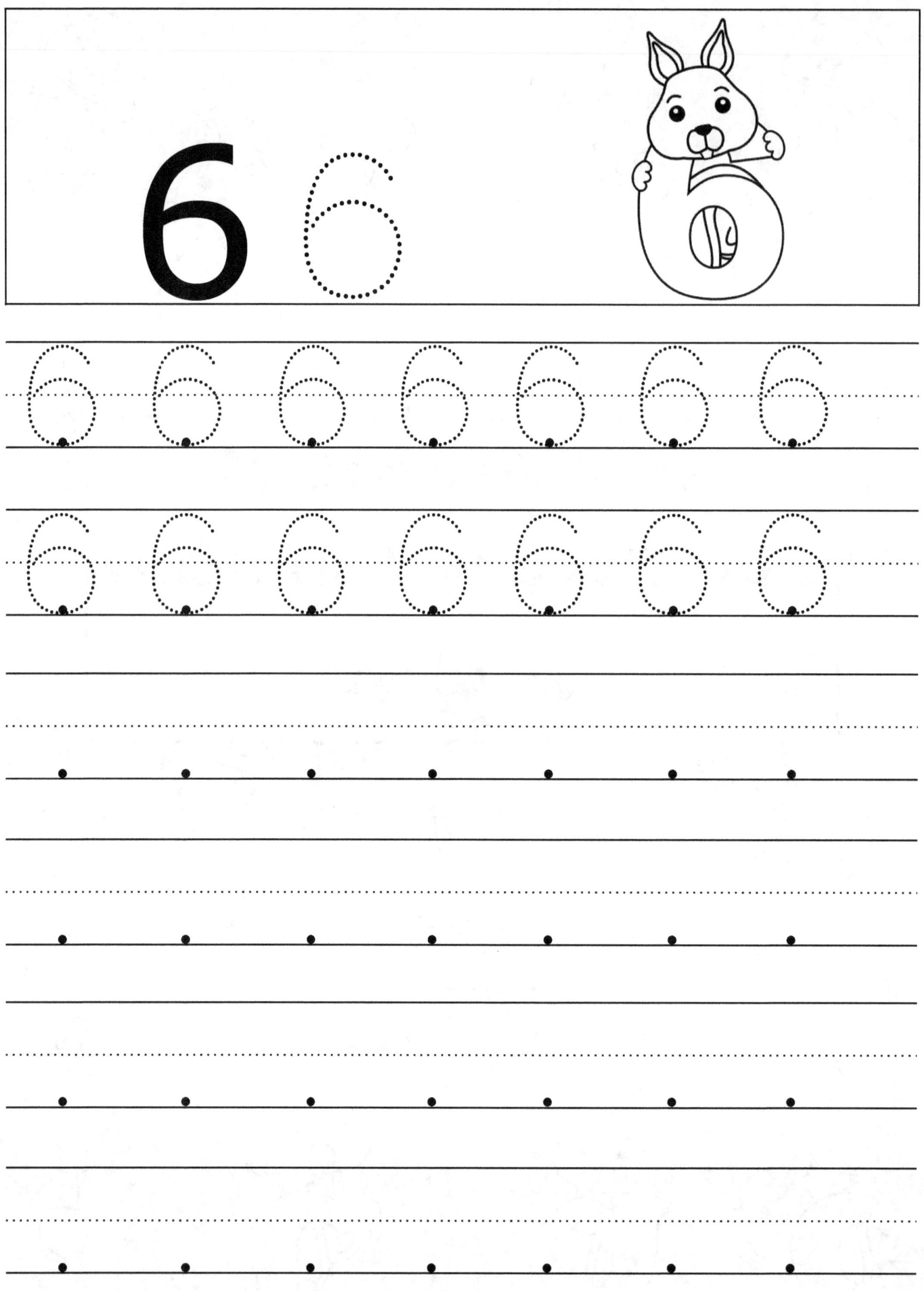

Découvrez et coloriez le numéro
« 6 »

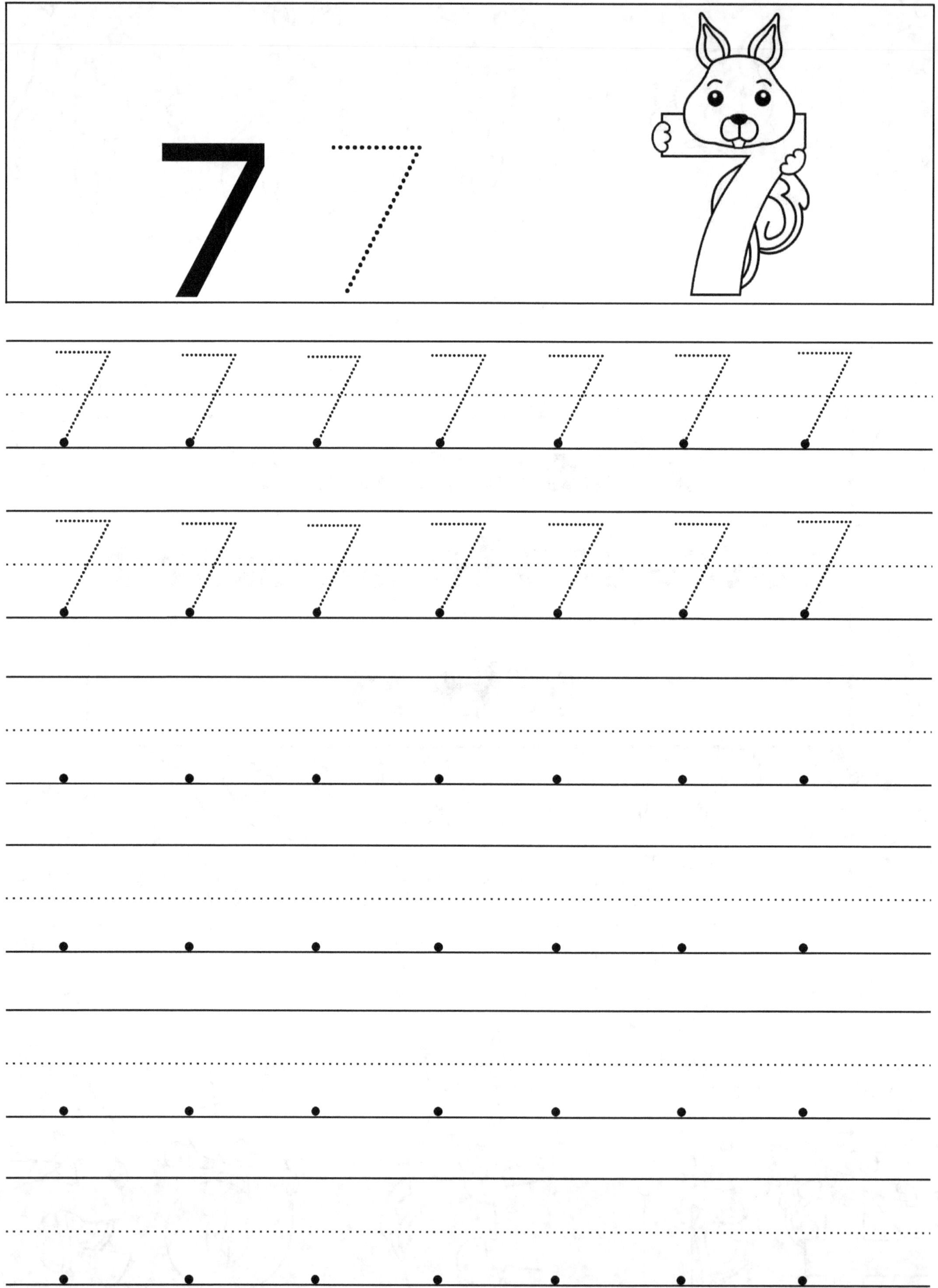

Découvrez et coloriez le numéro
« 7 »

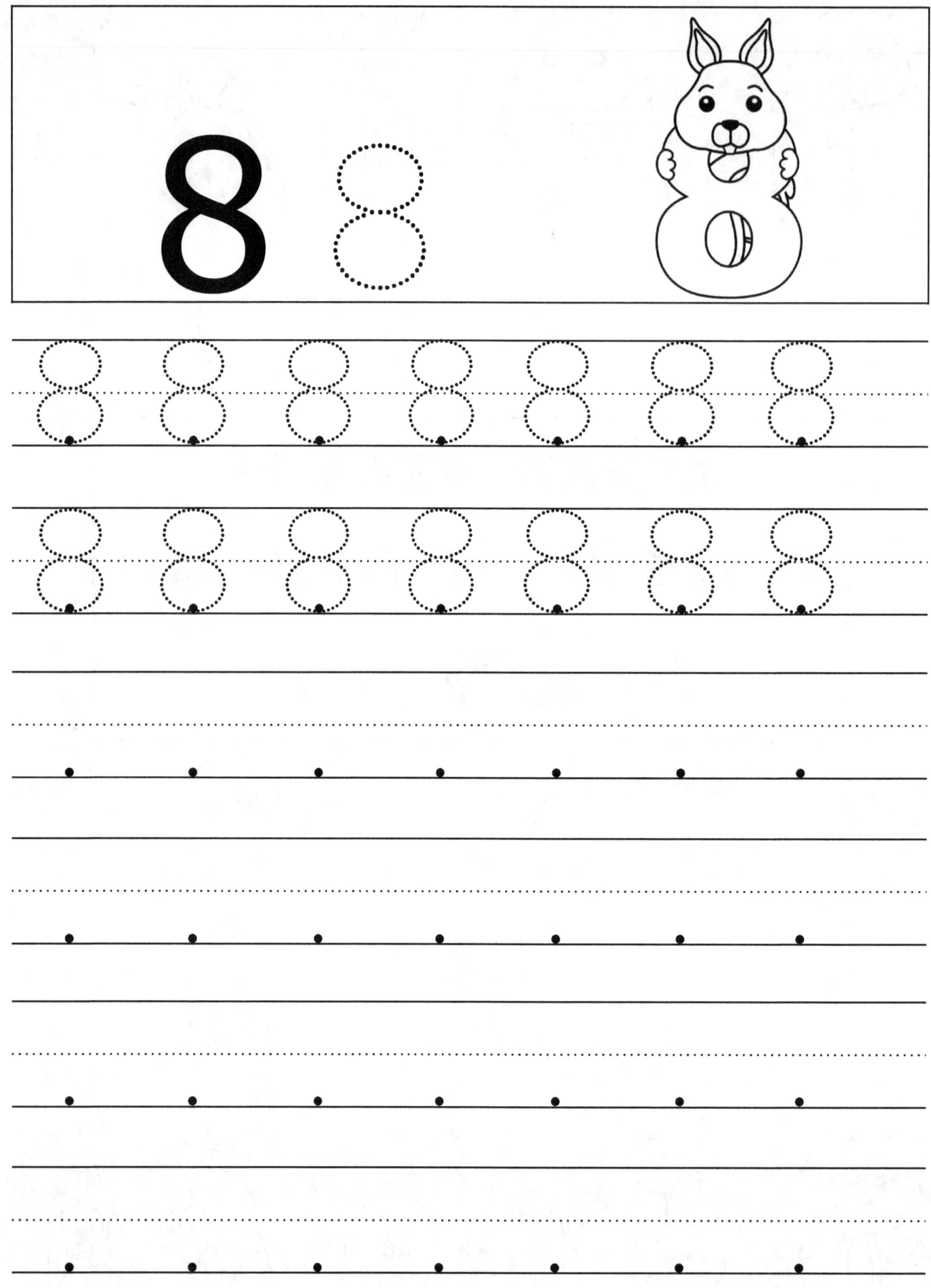

Découvrez et
coloriez le numéro
« 8 »

9

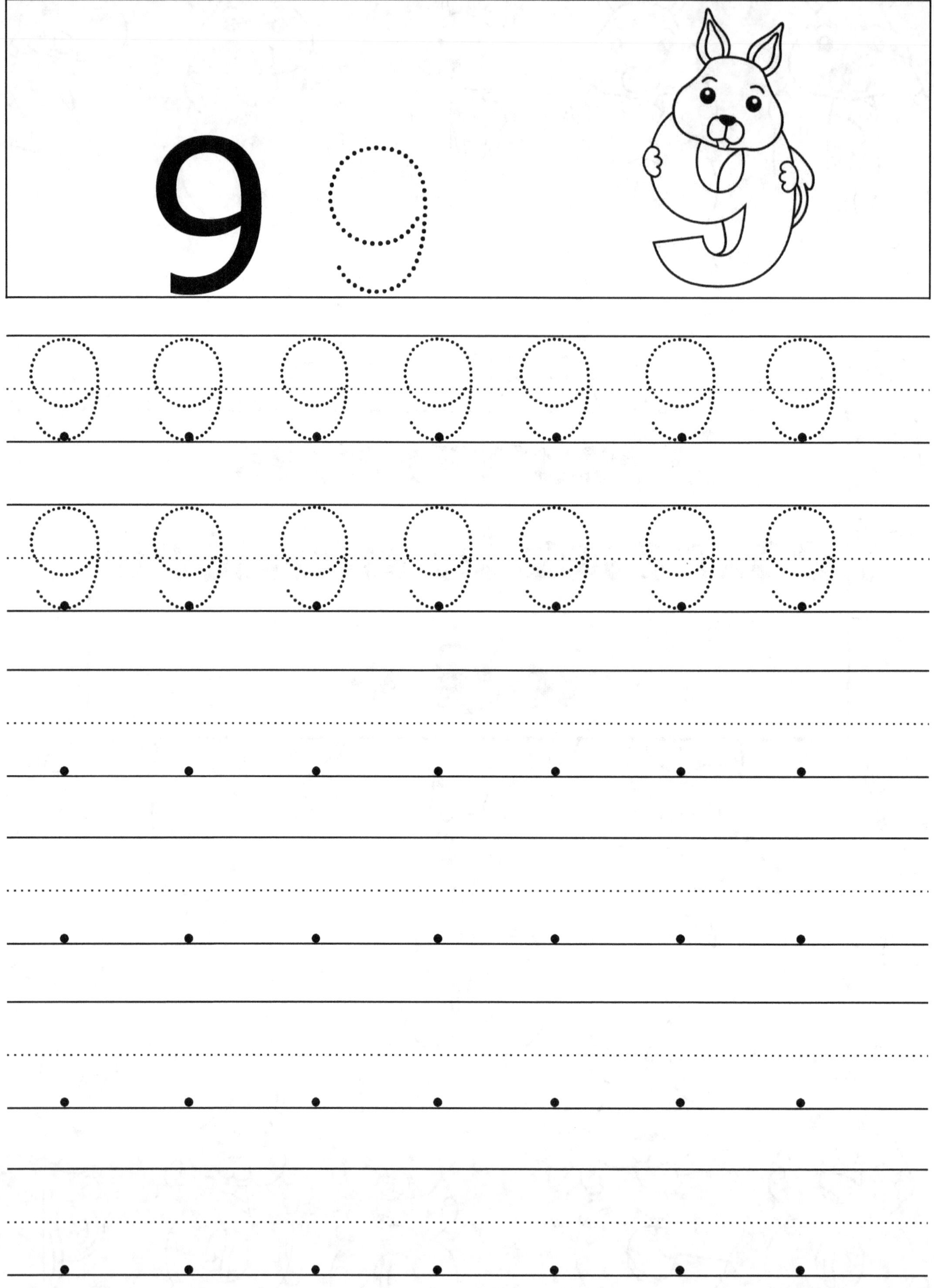

Découvrez et coloriez le numéro
« 9 »

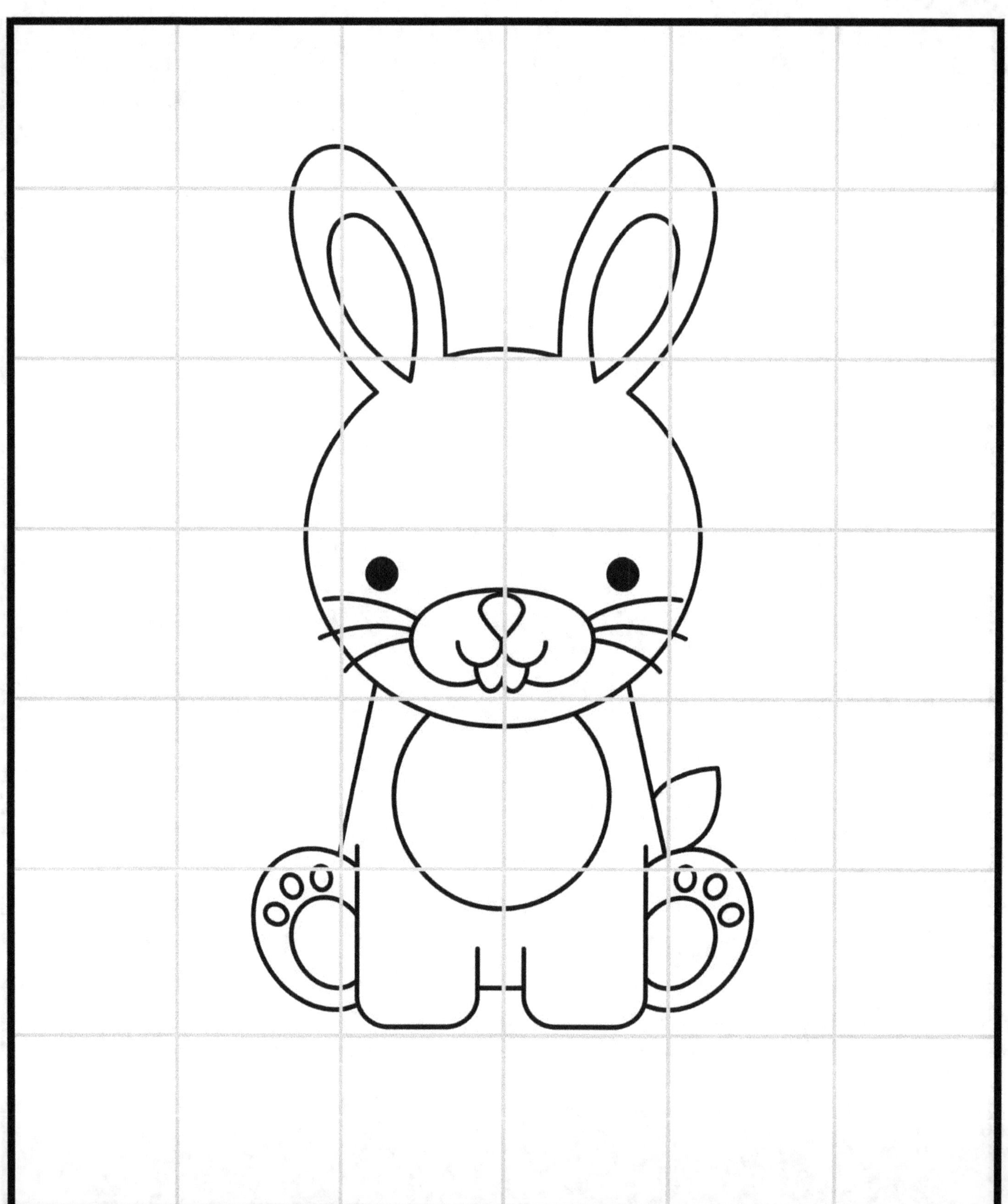

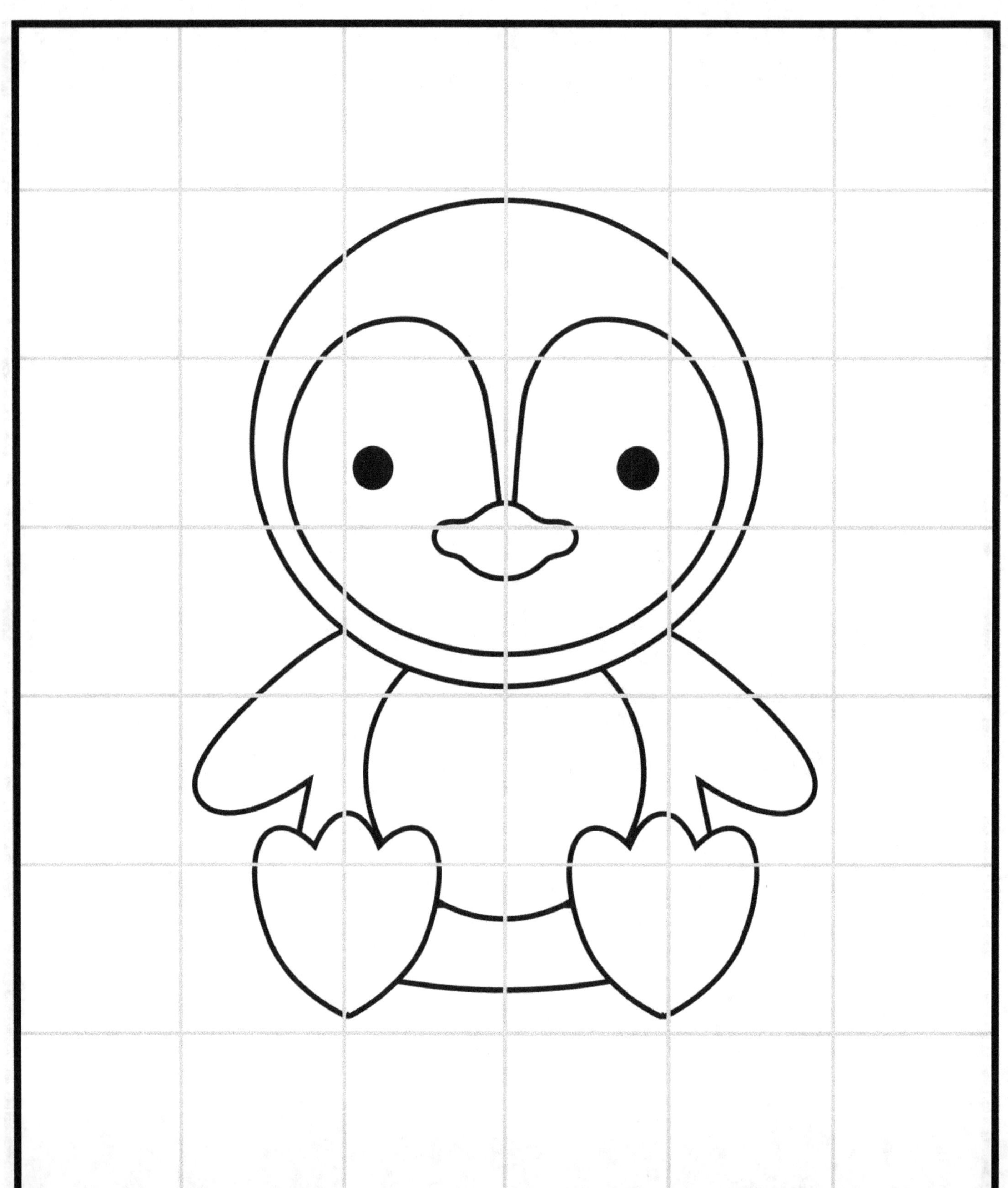

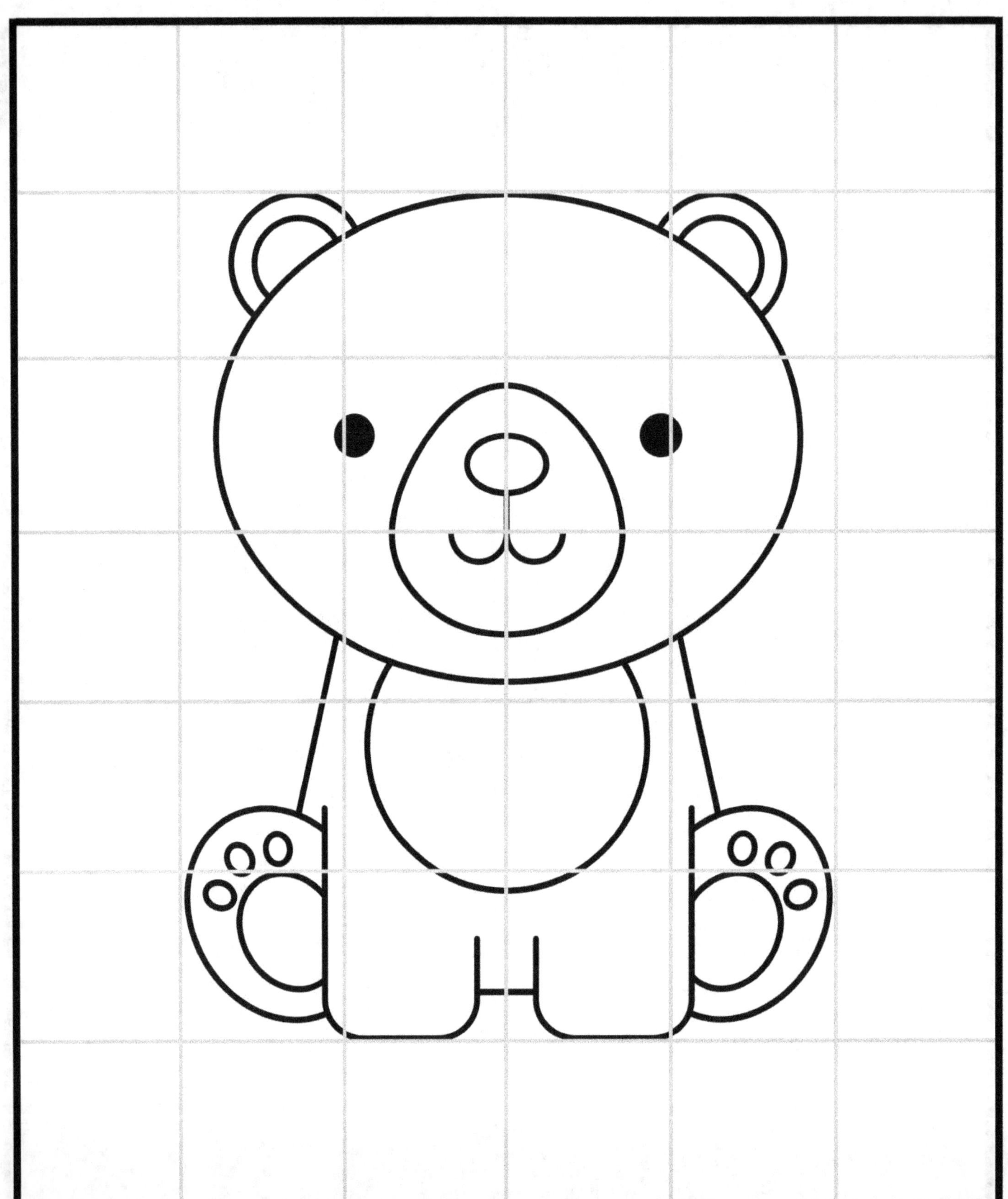

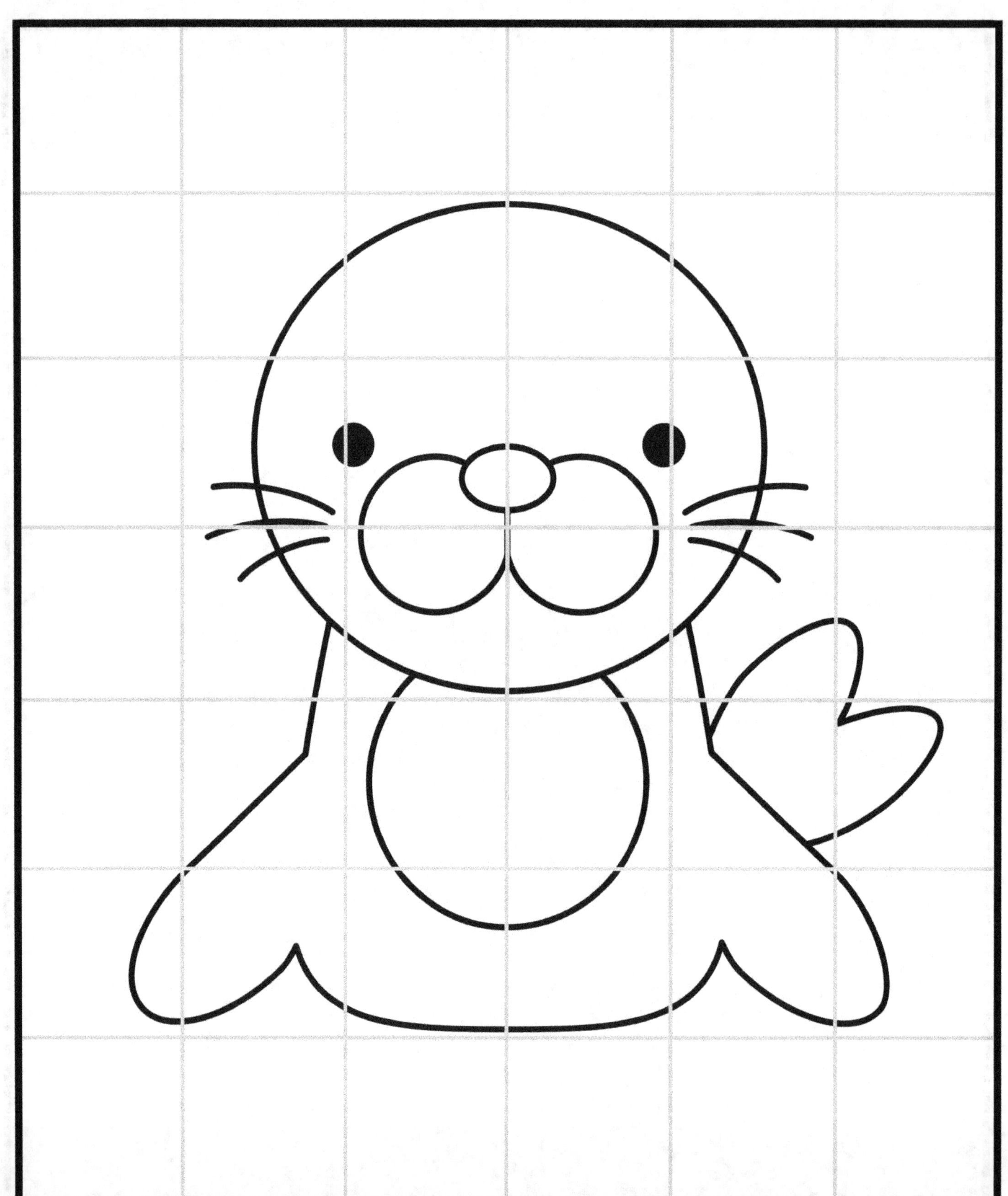

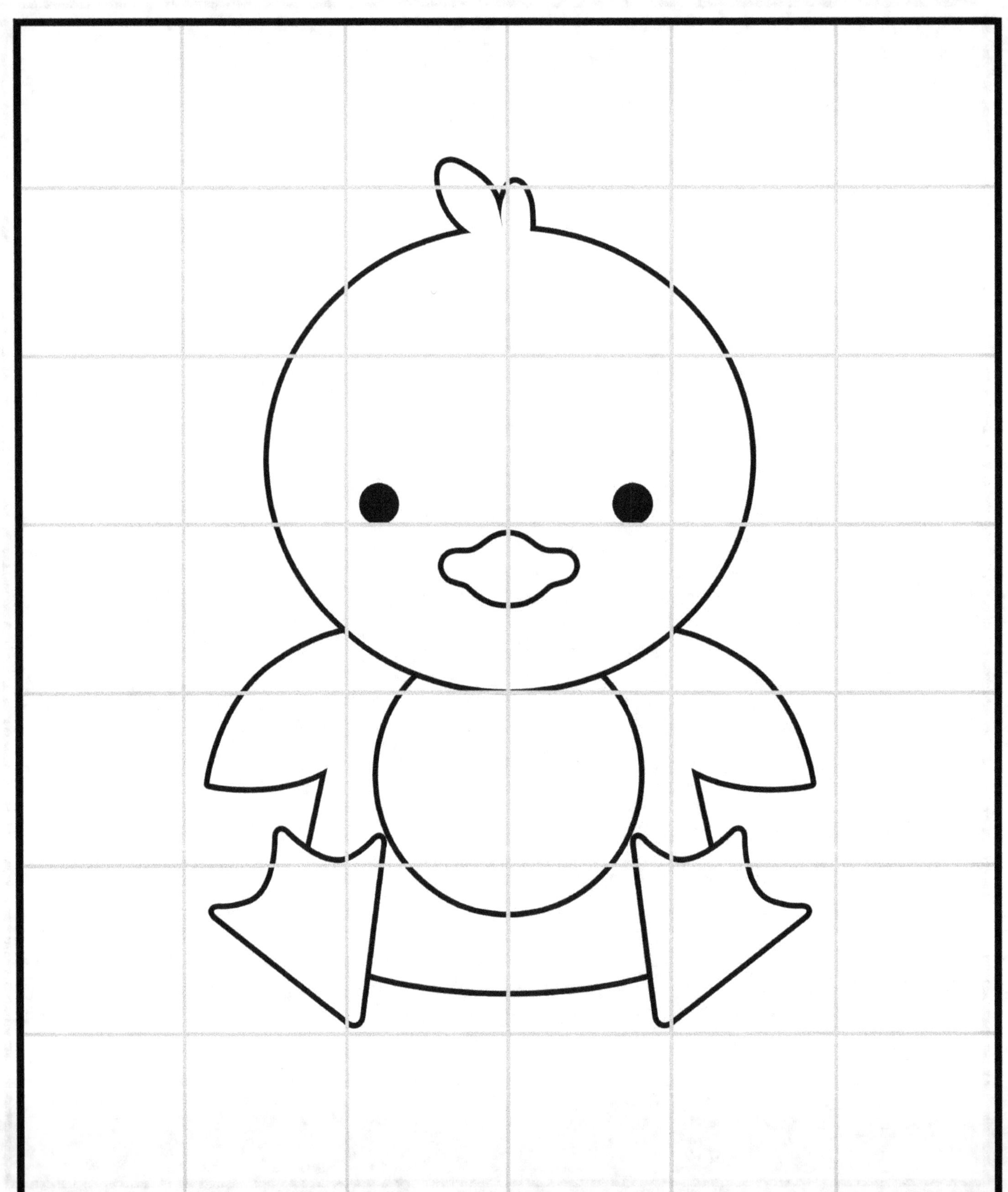

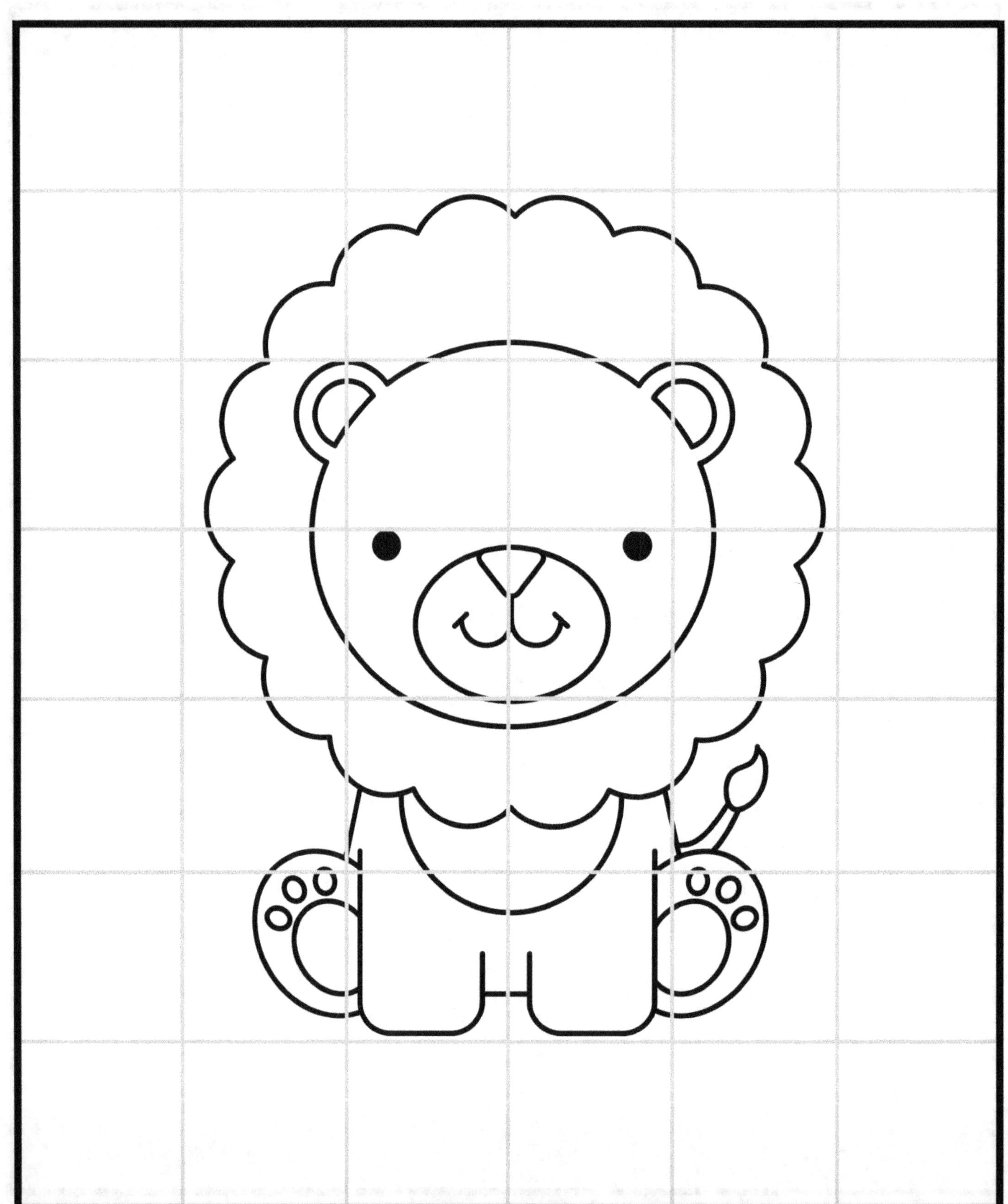

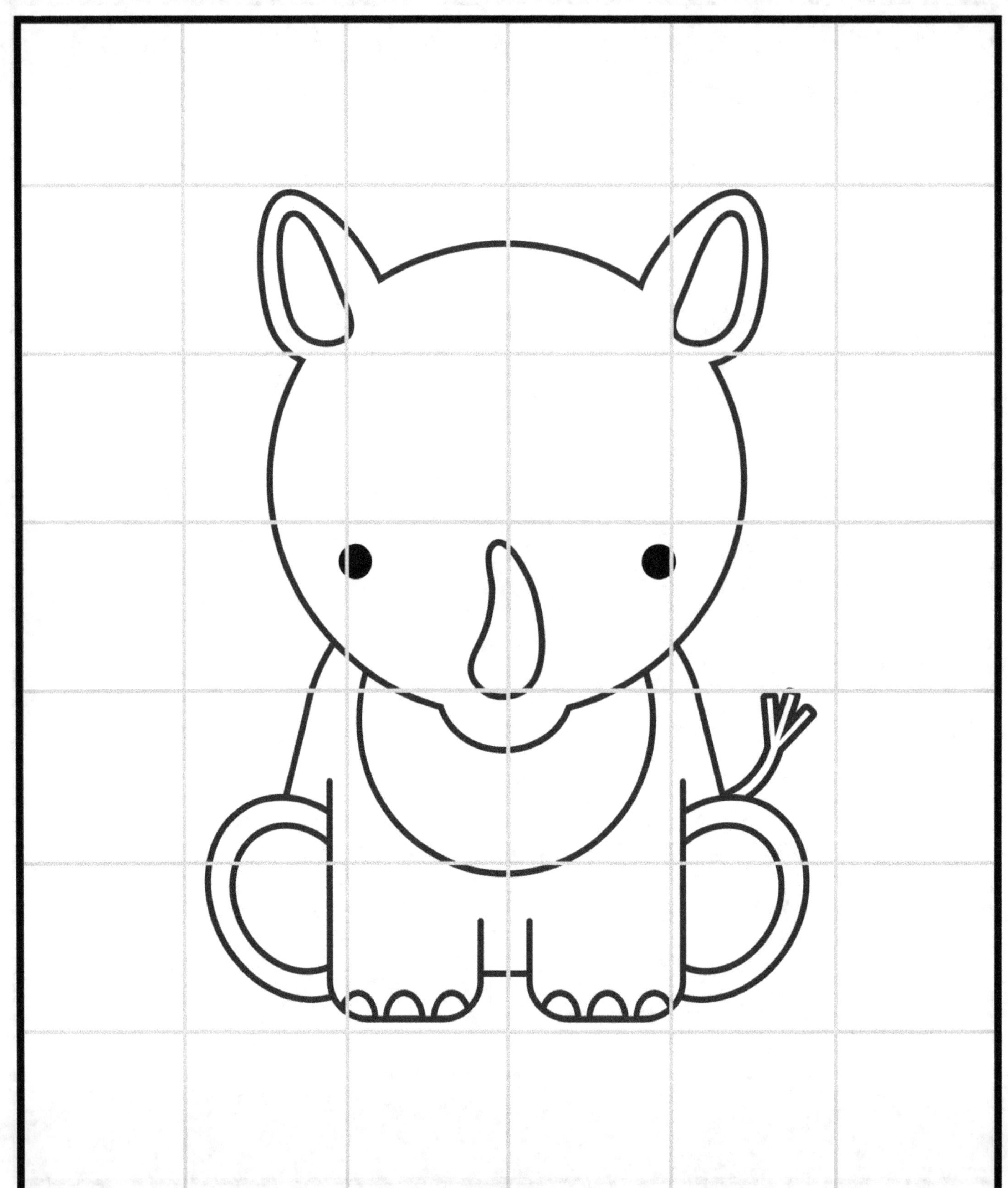

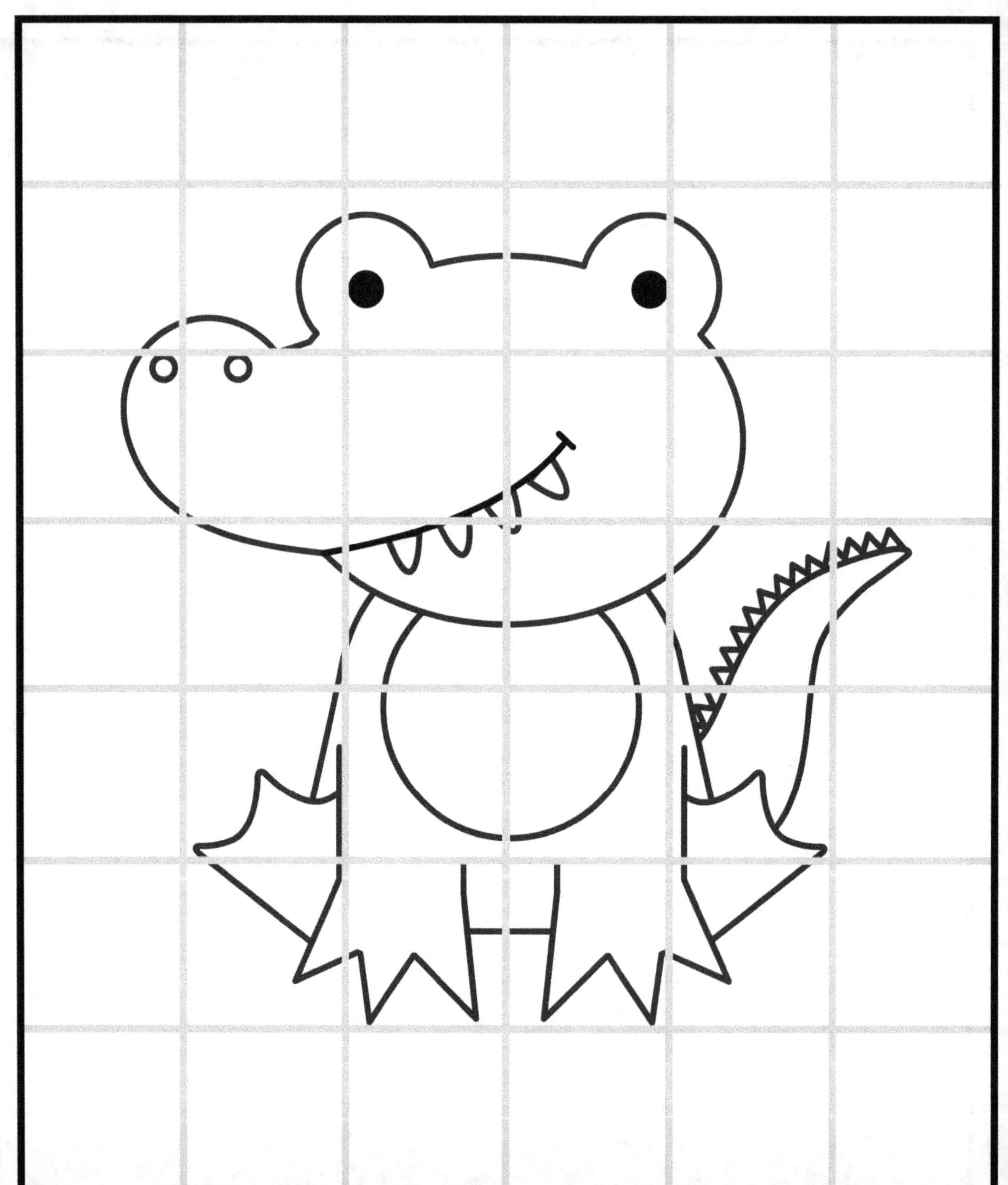